D1673858

Vinothek
der deutschen
Weinberg-Lagen

Hans Ambrosi · Bernhard Breuer

Die Nahe

Unter Mitarbeit von
Otto Palm
und Rudolf Radtke

Seewald Verlag
Stuttgart

Zeichnungen von Elfriede Michels

Inhalt

Weinland Nahe

Die Weinberg-Lagen

Beschreibung der Einzellagen

Nahe-Weinreise

Zu diesem Buch

Wer die Nahe sah,
bleibt, der Nahe fern,
der Nahe nah,
denn schön ist's da.

So könnte ein gelungener Werbeslogan des deutschen Tourismus lauten; es sind jedoch Worte des Dichters Joseph Viktor von Scheffel aus dem Jahre 1875. Er schrieb sie nieder in Erinnerung an eine Wanderung, die er von Heidelberg aus mit seinen Freunden Euler und Lobek – samt Hund Zettel – an die Nahe unternahm. Mag sich seither die Welt um uns herum auch in vieler Beziehung verändert haben, Scheffels »Lob der Nahe« wird bei dem, der sich aufmacht, diese reizvolle Gegend kennenzulernen, Bestätigung finden.

Winzer der Nahe nennen ihr Gebiet mit Recht »Probierstübchen der deutschen Weinlande«, sind doch nahezu alle Besonderheiten, die den deutschen Wein auszeichnen, hier anzutreffen. Mit den Worten Otto Thals:

Die schönen Säuren, die den Moselreben
das Spritzige und Perlende abgeben,
das milde Feuer, das im Pfälzer glimmt,
und was den Rheinwein edelblumig stimmt,
das findet man im Nahewein vereint,
wenn funkelnd er wie Gold im Glase scheint.

Dieser touristische Weinführer möchte dem Besucher behilflich sein, der Landschaft der Nahe nahe zu kommen. Von den Straußwirtschaften, die den Einheimischen und den Besucher einladen, die Naheweine zu verkosten, und von den vielen Weinprobierstuben in kleinen und größeren Ortschaften soll die Rede sein. Geschichte und Brauchtum, Geologie und Geografie werden beschrieben, die

Sehenswürdigkeiten der Nahe-Weinstraße vorgestellt und touristische Hinweise gegeben.

Das Kernstück aber bildet »Die Vinothek der Weinberg-Lagen«. Sie führt in die einzelnen Weinberge, gibt über ihre Namen Aufschluß, untersucht Böden und Klimaverhältnisse und charakterisiert die dort gewachsenen Weine. Den weininteressierten Besucher der Nahe mag dieses Büchlein als Wegweiser begleiten.

Hans Ambrosi
Bernhard Breuer

Einführung in die Vinothek
der deutschen Weinberglagen

Der Geburtsort prägt die Art des Weines. Das wußten bereits die Griechen und Römer. Heute ist eine Unzahl von Herkünften in allen klassischen Weinbauländern der Welt genau abgegrenzt und gesetzlich festgelegt. Auch auf Millionen Etiketten deutscher Weine finden wir wohlklingende Namen, die den Geburtsort des Weines angeben. Phantasie und Stimmung werden von Namen wie »Kreuznacher Narrenkappe«, »Langenlonsheimer Rothenberg«, »Schloßböckelheimer Königsfels«, »Waldböckelheimer Drachenbrunnen«, »Niederhäuser Hermannshöhle« – um nur einige wahllos herauszugreifen – angeregt, bevor man den Wein überhaupt an die Lippen geführt hat.

Was sind diese gern zitierten, musikalisch und rhythmisch oft so zauberhaft klingenden Namen? Künstliche, aus der Phantasie geborene Wortgebilde oder ökologisch verstehbare Flächenabgrenzungen? Nun, das letztere ist der Fall, und die Vinothek der Weinberg-Lagen soll Sie mit diesem Schatz bekanntmachen.

Der Geburtsort eines Weines ist ein wesentliches Merkmal für seine Eigenart und seinen Charakter. Im Süden Europas wirkt der Überfluß an Sonnenschein und Wärme gleichmachend, egalisierend. Je nördlicher der Geburtsort liegt, um so genauer und enger begrenzt sollte die Herkunft angegeben sein, da der Einfluß von Kleinklima, Boden und Lage nördlich der Alpen stärker ist. Die »Ökologie« als Lehre vom Standort der Reben fußt auf wissenschaftlichen Untersuchungen. Je enger das Herkunftsgebiet geographisch umgrenzt wird, desto mehr ist die Eigenart des Weines garantiert.

Die Vinothek der deutschen Weinberg-Lagen gibt sowohl dem Weinliebhaber als auch dem Fachmann die Möglichkeit, seine Kenntnisse von den deutschen Weinberg-Lagen zu erweitern und zu vertiefen. Jede der 2590 *Einzellagen* der Bundesrepublik Deutschland wird wissenschaftlich wohlfundiert und allgemeinverständlich zugleich von Fachleuten beschrieben. Größe, geologische Beschaffenheit, Bodenart und Kleinklima, Hangrichtung und -neigung, Rebsortenbesatz und die charakteristische Art der Weine sowie die Bedeutung und die Herkunft des Namens (Etymologie) werden detailliert dargestellt.

Zwar grenzte man bereits 1756 in Portugal erstmalig in der Welt gesetzlich ein Herkunftsgebiet (für Portwein) ab. Und in Frankreich wurden die ältesten Lagen für die Cru-Classé-Produkte der Médoc-Weingüter 1885 festgelegt. Aber in keinem Weinbauland hat man bisher eine so in die Einzelheiten gehende, den Geschmack der Weine bestimmende Charakteristik aller Weinberg-Lagen zusammengestellt wie in Deutschland.

In Deutschland geht die Entstehung der Lagenbezeichnungen zum Teil auf die Römerzeit zurück. Ihre ersten urkundlichen Erwähnungen fallen in die karolingische Epoche, ihre erste katastermäßige Erfassung erfolgte teilweise schon im 18. Jahrhundert, generell ab Mitte des vorigen Jahrhunderts, und als Weinbezeichnung auf den Flaschenetiketten sind sie seit rund hundert Jahren allgemein gebräuchlich.

Das neue deutsche Weinrecht, das im Sommer 1971 in Kraft trat und klare Bestimmungen für alle Stufen der Weinerzeugung enthält, gilt unter Fachleuten als das fortschrittlichste seiner Art. Besonders einschneidende Vereinfachungen und Klarheit schaffende Regelungen betrafen die Ausgangsstufe der Weinerzeugung, nämlich all jene Angaben, die sich auf den Standort der Rebe, also auf die Herkunft des Weines beziehen. Bisher gab es etwa 20 000 Weinberg-Lagen (Flurnamen), die aber nicht alle als Herkunftsbezeichnung auf Etiketten erschienen. Durch Zusammenfassung und sinnvolle Gliederung entstanden aus dieser Fülle 2590 Einzellagen, 150 Großlagen, 32 Bereiche und 11 Weinanbaugebiete.

Die deutschen Weinanbaugebiete sind nicht aus verwaltungstechnischen oder lokalpatriotischen Gründen entstanden, sondern sie bilden aufgrund der klimatischen und geologischen Bedingungen naturgegebene Einheiten, in denen Weine gleicher Art wachsen. Um den gebietstypischen Geschmack, der für deutsche Weine charakteristisch ist, hervorzuheben, muß jeder deutsche Wein den Namen seines Anbaugebiets als Herkunftsbezeichnung führen. Die bestimmten Anbaugebiete sind zwischen 280 Hektar (Hessische Bergstraße) und 22 000 Hektar (Rheinhessen) groß. Ein Bereich umfaßt durchschnittlich 3000 Hektar. Der Bereichsname wird vor allem von Genossenschaften und vom Produktionshandel als Herkunftsangabe bei Weinen verwendet, die aus Lesegut verschiedener Gemarkungen hergestellt wurden.

Die Groß- und die Einzellage sind laut Gesetz bestimmte Rebflächen, aus deren Erträgen gleichwertige Weine gleichartiger Geschmacksrichtung hergestellt werden können. Die Lagennamen sind in der Weinbergsrolle kartographisch erfaßt und somit genau kontrollierbar. Die Einzellage ist die engste Bezeichnung. Sie umfaßt oft wenige Hektar, im Durchschnitt aber etwa 40 Hektar und ist oft durch natürliche Umgrenzungen wie Hecken, Gräben, Wege oder Bergrücken auch optisch bestimmt. Ist der Besitz eines Winzers in kleine Parzellen verschiedener Lagen aufgesplittert, so kann er bei der Herkunftsbezeichnung seines Weines auf die Großlage ausweichen. Eine Großlage erstreckt sich über durchschnittlich 600 Hektar und umfaßt zumeist 15 sich gleichende Einzellagen.

Die Lagennamen, die in der allgemeinen Landwirtschaft Flurnamen genannt werden, sind meist mehrere Jahrhunderte alt und weingeschichtlich allgemein sehr interessant. Sie sind lebendige Gebilde, die mit ihren häufig praxisnahen Aussagen zur engsten Lebenswelt des Winzers gehören.

Die amtliche Festlegung der Lagennamen und -grenzen erfolgte Mitte des vorigen Jahrhunderts. Aus dem Durch-

einander zahlloser, zum Teil auch privater und willkürlicher Namen mußten diejenigen herausgefunden werden,
die durch ältestes Herkommen und allgemeinen Gebrauch
die größte Berechtigung hatten. Weiterhin mußten die genauen Grenzen für jeden Namen festgelegt werden.

Seit Mitte des 19. Jahrhunderts wurde es zunehmend
üblich, den Lagennamen auf dem Flaschenetikett anzu-
geben. Der Gebrauch der Lagennamen steht natürlich im
Zusammenhang mit der erst vom Qualitätsweinbau ein-
geführten Lese unter Berücksichtigung der Lage. Nach der
Entdeckung der Spät- und Auslesen ergab sich zudem die
Notwendigkeit, Weine in Flaschen zu füllen und diese
Flaschen genau zu bezeichnen. Das betraf jedoch damals
nur die großen Adels- und Kirchengüter. Der durchschnitt-
liche Winzer betrieb bis in die allerjüngste Zeit den lagen-
namenlosen Faßweinverkauf. Das Weingesetz von 1971
wertet aber die Herkunftsbezeichnung so stark auf, daß
aus Wettbewerbsgründen in Zukunft Qualitätsweine
sicher nur noch mit der Lagenbezeichnung auf dem Markt
zu finden sein werden.

Generell gilt für den Gebrauch der Lagennamen auf Wein-
etiketten, daß sie nur in Verbindung mit dem Namen
einer Gemeinde oder eines Ortsteils verwendet werden
dürfen. Bei Lagen, die über Gemeindegrenzen hinausgrei-
fen (manche Einzellagen, fast alle Großlagen), kann eine
der beteiligten Gemeinden gewählt werden; bei Großlagen
ist es in der Regel die sogenannte Leitgemeinde. Neue
Vorschläge aus Brüssel zielen allerdings auf eine fixe
Verbindung.

Durch die starke Aufwertung der Lage hat beim Konsumenten ein großes Verlangen eingesetzt, mehr über die
Weinberg-Lagen zu erfahren. Diesem Bedürfnis kommt
die Vinothek der deutschen Weinberg-Lagen nach.

Jeder Band dieses Werkes umfaßt je eines der elf deut-
schen bestimmten Anbaugebiete: Ahr, Mosel-Saar-Ruwer,
Mittelrhein, Rheingau, Nahe, Rheinhessen, Hessische
Bergstraße, Rheinpfalz, Baden, Württemberg, Franken.

Wir danken an dieser Stelle allen Damen und Herren der regionalen Weinbauverbände und der Gebietsweinwerbungen, die uns beraten und an der Vorbereitung der Vinothek mitgewirkt haben; wir danken den Weinbauämtern für ihre fachlich-technische Unterstützung und Herrn Manfred Halfer für die Überprüfung der Etymologie der Weinberg-Lagennamen. Wir hoffen, mit diesem Werk allen Liebhabern deutscher Weine beim Aussuchen und anschließenden Bestimmen ihrer Weine viel Freude bereiten und neue Informationen vermitteln zu können.

Die Herausgeber

Weinland Nahe

Seinen Namen verdankt das Anbaugebiet Nahe einem Flüßchen, das am Osthang des Sengert bei Selbach entspringt und sich in einer Länge von 116 Kilometern zum Rhein hin, von bizarren Felsen und sanften Hügeln eingerahmt, seinen Weg bahnt. Das Wort Nahe ist keltischen Ursprungs und bedeutet in etwa das Fließende, das Nasse; im Althochdeutschen findet sich die Bezeichnung nave oder nawe.

Die rechten Seitenflüsse Alsenz und Glan, deren Lauf von Rebhügeln begleitet wird, vereinigen sich mit der Nahe bei Bad Münster am Stein beziehungsweise am Disibodenberg. Auf der linken Seite finden wir weitere weinreiche Seitentäler: das Ellerbachtal, das Gräfenbachtal, das Guldenbachtal und das Trollbachtal mit seinen schroffen Felstürmen und eigentümlichen Ausformungen. Die Nahe selbst tritt bei Martinstein in das Weinanbaugebiet Nahe ein.

Die Reben stehen vorwiegend an den nach Südwesten, Süden und Südosten geneigten Hängen, außerdem in Tallagen und auf den bis etwa 250 Meter über NN gelegenen Plateaus; die übrigen für den Weinbau weniger oder gar nicht geeigneten Flächen tragen Wald oder sind landwirtschaftlich genutzt.

Die Landschaft

Der obere, also westliche Teil des Anbaugebietes Nahe bildet einen großen Talkessel. Es folgen bis zum Rhein hin noch zwei Abstufungen, zunächst die Mittlere Nahe, deren schönster Teil – zugleich das Herzstück der Nahe – bei Schloßböckelheim liegt. Kurz vor Bad Kreuznach beginnt die Untere Nahe, nachdem das Flüßchen bei Bad Münster

Mäuseturm bei Bingerbrück mit den Lagen
Hildegardisbrünnchen und Klostergarten

am Stein den Rotenfels, die mächtigste deutsche Steilwand außerhalb der Alpen, passiert hat. Die Untere Nahe ist bis zur Mündung in den Rhein bei Bingen eine abwechslungsreiche Hügellandschaft. Allmählich steigt diese zum Soonwald hin an, der als Mittelgebirge und zusammenhängendes Waldgebiet eine der wichtigsten Voraussetzungen für diese ideale Weinlandschaft schafft. Hier werden die rauhen Winde und übermäßige Niederschläge abgefangen.

Mit etwa 4500 Hektar Rebfläche und einer Ernte von rund 50 Millionen Litern Wein gehört das Anbaugebiet Nahe zu den mittelgroßen Anbaugebieten Deutschlands und umfaßt etwa 6 Prozent des deutschen Rebareals. Die Nahe liegt geografisch etwa in der Mitte der deutschen Anbaugebiete. Durch ihre reizvolle Landschaft bildet sie besonders für die Bewohner des Rhein-Main-Gebietes ein beliebtes Erholungsziel. Seit dem Bau der linksrheinischen Autobahn wird die Nahe auch mehr und mehr von Gästen besucht, die von weiter her anreisen.

Das Anbaugebiet Nahe und der Nahewein wurden relativ spät bekannt. Der Fluß Nahe war nie schiffbar, und sein Tal sowie seine Nebentäler wurden verkehrsmäßig spät erschlossen. Im Mittelalter wurden die Weine nach den Plätzen benannt, von wo aus man sie verschiffte beziehungsweise weitertransportierte. So kam es, daß der Nahewein häufig als Bacharacher- oder als Moselwein in den Handel ging. Erst die um die Jahrhundertwende errichtete Nahetal-Eisenbahn und ein Straßennetz, das später ausgebaut wurde, erschlossen dieses Gebiet. Die erste Autobahn berührte das Nahetal in den 60er Jahren. Mitentscheidend für diese späte Entwicklung mag die Nähe der französischen Grenze gewesen sein. Hier endete der Verkehr und damit auch jeglicher wirtschaftlicher Austausch. Die Beziehungen zu Frankreich waren jahrhundertelang gespannt. Die Nahe war nicht nur Grenzland, auch innerhalb der deutschen Kleinstaaten verlief seine Geschichte äußerst wechselvoll; politische Gewalten und Machthaber änderten sich häufig.

Große Teile des Gebietes sind touristisch noch unerschlossen und in ihrer Ursprünglichkeit erhalten geblieben. Weitgezogene wellige Hügel, kleine Dörfer und Städtchen, in denen sich über Jahrhunderte hinweg nur wenig verändert hat, kennzeichnen die Landschaft.

Der Winzerbetrieb

Neben einigen größeren Weingütern herrscht der mittelständische bäuerliche Mischbetrieb vor. Seit dem letzten Krieg sind große Anstrengungen unternommen worden, die Erzeugung zu steigern und die Qualität zu heben. Die Nahe als Weinbaugebiet wurde zunehmend bekannt. Dank dieser Maßnahmen konnte die Ertrags-Rebfläche von 1946 Hektar im Jahre 1950 wieder auf die rund 4500 Hektar von heute gebracht werden. Innerbetrieblich verlagerte sich der Schwerpunkt der landwirtschaftlichweinbaulichen Gemischtbetriebe zum Weinbau hin. Ein Teil der Betriebe hat zugunsten des Weinbaus die Landwirtschaft ganz aufgegeben. Von den rund 4500 landwirtschaftlichen Anwesen im Kreis Kreuznach betreiben 3310 Weinbau. Der Rebflächenbesitz verteilt sich wie folgt:

Hektar bestockte Rebfläche (4236)	unter 0,50	0,50 bis unter 1,00	1,00 bis unter 2,00	2,00 bis unter 3,00	3,00 bis unter 5,00	5,00 und mehr
Davon Hektar	328	461	792	676	856	1123
Anzahl der Betriebe 3310	1446	667	568	280	229	120

Bei der Prüfstelle für Qualitätsweine haben sich rund 1000 Flaschen abfüllende Betriebe um eine Betriebsnummer zur Anstellung von Qualitätswein bemüht.

Die Zahl der Betriebe mit kleinem und kleinstem Rebflächenanteil herrscht zwar vor, dennoch ist für das Nahegebiet nicht der Nebenerwerbsbetrieb des Feierabendwinzers typisch, sondern der landwirtschaftliche Vollerwerbsbetrieb als Familienbetrieb. Das bäuerliche Milieu hat sich selbst in Stadtnähe noch unverfälscht erhalten und prägt die Atmosphäre der von übermäßigem Fremdenverkehr noch nicht zerstörten Idylle der Weinbaugemeinden. Hier lebt es sich beschaulich. Das Vereinsleben ist stark ausgeprägt; Orte mit wenigen hundert Einwohnern haben ein halbes Dutzend Vereine. So sind zahlreiche Möglichkeiten geboten, sich zu treffen, mit Nachbarn, Freunden und Dorfgenossen Kontakte zu pflegen. Der Hang zur Geselligkeit wird in zahlreichen örtlichen Festen deutlich, ebenso bei größeren Volksfesten, wie beim Bad Kreuznacher Jahrmarkt oder im Karneval. Wie in anderen Weingegenden auch, ist hier die Gabe des Feierns beheimatet.

Früher hatten die Großbetriebe in der Bewirtschaftung der Weinberge und im Ausbau der Weine eine Beispielfunktion, sie galten als Schrittmacher. Rund 30 Betriebe im gesamten Nahegebiet bearbeiten mehr als 10 Hektar und 20 Betriebe über 20 Hektar Rebfläche. Heute erfolgt auch in den mittleren und kleineren Weinbaubetrieben die Bewirtschaftung nach neuzeitlichen Gesichtspunkten. Man ist allgemein dazu übergegangen, hochwertiges Rebenpflanzgut zu verwenden und moderne Maschinen und Geräte einzusetzen. Der Gefahr der Übermechanisierung und damit der Verschuldung wird durch den Maschinenring Rheinhessen-Nahe begegnet. So kann der Weinbauer Maschinen und Geräte einsetzen, ohne sie kaufen zu müssen. Bei bargeldloser Verrechnung läßt er in seinem Betrieb Maschinen anderer dem Ring angeschlossener Betriebe arbeiten. Besteht im eigenen Betrieb eine Überkapazität, ist es möglich, diese durch vergütete Arbeitsleistungen in anderen Betrieben abzubauen. Der Maschinenring vermittelt Maschinen für die Außen- wie auch für die Kellerwirtschaft. Außerdem besucht heute der künftige Leiter eines Winzerbetriebes neben der Berufsschule meistens auch die weinbauliche Fachschule, oft die Technikerschule, bisweilen sogar die Fachhochschule. Die hervorragenden Ergebnisse, die kleinere Betriebe bei Regionalprämierungen und auch der DLG-Bundesweinprämierung erzielen, bestätigen die Richtigkeit der eingeleiteten Entwicklung.

Die Weinberge

Etwa 30 Prozent der Rebflächen liegen eben, 45 Prozent an Hängen und 25 Prozent am Steilhang. Terrassierte Steillagen wie im Trollbachtal, am Rotenfels und an der oberen Nahe bilden die Ausnahme. Die oft flachgründigen Steillagen liefern in Jahren mit ausreichenden Niederschlägen die wertvollsten Weine, in trockenen Jahren wird jedoch Wasserarmut die Weinqualität beeinträchtigen. In der Ebene und am Hang kann der Schlepper die schwereren Arbeiten im Einmannbetrieb ausführen. In den Steillagen können die entsprechenden Arbeiten nur mit Hilfe der auf den Schlepper montierten Seilwinde, dem »Binger Seilzug«, der hier erfunden wurde, im Zweimannverfahren geleistet werden. In besonders steilen Lagen müssen diese Arbeiten mit der Hand ausgeführt werden. Der Arbeitsaufwand für ein Hektar unterscheidet sich demnach wie folgt:

Schleppergängige Lage	=	600 – 800 Stunden pro Jahr
Seilzuglage	=	1100 – 1500 Stunden pro Jahr
Terrasse	=	2000 Stunden pro Jahr

Die Reben wachsen im Nahegebiet fast ausnahmslos an Drahtrahmen in »Normalerziehung«. Sie wurde in Deutschland 1837 vom Bad Kreuznacher Landrat Ludwig Philipp Hout hier eingeführt. Heute herrscht eine Zeilen-

oder Gassenbreite von 1,60–2,00 Meter vor. In den Normalanlagen sind die Flachbogen- und die Halbbogenerziehung üblich. Die Zahl der Augen beträgt im Schnitt 10 je Quadratmeter.

Die Flurbereinigung

Zwei Faktoren zwangen zur Flurbereinigung. Zunächst die jahrhundertelang durchgeführte Realteilung, die eine Zersplitterung in immer kleiner werdende und damit immer schwerer zu bearbeitende Flächen nach sich zog. Zum anderen die 1897 erstmalig in Langenlonsheim im Anbaugebiet Nahe aufgetretene Reblausverseuchung. Die Reblaus sticht zum Zwecke der Nahrungsaufnahme die Wurzel der Rebe an. Die dadurch entstehenden Wurzelgallen bringen die Wurzeln und damit die ganze Pflanze zum Absterben. Als einzig wirkungsvolles Mittel bleibt die Anpflanzung reblausresistenter amerikanischer Unterlagsreben, auf welche europäische Sorten aufgepropft werden. Im Jahre 1907 wurde in der Domäne Niederhausen im Hermannsberg die erste große Anpflanzung mit veredelten amerikanischen Reben durchgeführt. Der preußische Staat förderte durch finanzielle Hilfen die Neuanpflanzung reblausresistenter Reben. Agrargesetze mit dem Ziel der Zusammenlegung landwirtschaftlicher Grundstücke als Vorläufer der Flurbereinigung gab es schon in der ersten Hälfte des vorigen Jahrhunderts. Im Jahre 1929 wurde das Kulturamt Bad Kreuznach eingerichtet, für das sich vor allem der damalige preußische Landtagsabgeordnete Jakob Diel, Burg-Layen, einsetzte. Der notwendige Anbau reblausfester Reben auf genossenschaftlicher Grundlage mit einer vorhergehenden Flurbereinigung, damals auch Umlegung genannt, wurde systematisch durchgeführt. Es entstand die gesetzliche Grundlage für die Flurbereinigung. Zunächst jedoch wurden praktikable Methoden der Weinbergsschätzung (Bodenbeschaffenheit,

Das Trollbachtal bei Burg Layen
und Münster-Sarmsheim
mit der Lage Münsterer Steinkopf

25

Ertragsbedingungen, Höhenlage, Frostgefahr, Steilheit u. a.) entwickelt. Danach wurde die Schätzung der eingebrachten Grundstücke als Grundlage für die Abfindung der Beteiligten mit Weinbergsland von gleichem Wert erarbeitet. So ist neben optimaler Flächengestaltung, Wasserführung und dem Wegenetz die Verwendung selektionierten Pflanzenmaterials zur Grundlage für den planmäßigen Wiederaufbau des modernen Weinbaus geworden. Mehr als 90 Prozent der zu bereinigenden Fläche an der Nahe sind inzwischen flurbereinigt worden. Erst flurbereinigte, zu großen Einheiten zusammengelegte Flächen erlauben einen wirtschaftlichen Weinbau.

Der Weinhandel

Rund 25 Prozent der Ernte werden von dem hier gut etablierten Handel vermarktet, 25 Prozent von den Genossenschaften und 50 Prozent von den Winzern und Weingütern direkt.

Die Weinhandelsfirmen haben sich weitgehend aus Gutsbetrieben entwickelt. Während es früher eine große Zahl auch kleinerer Firmen gab, hat der Weinhandel an der Nahe nach dem Zweiten Weltkrieg seine Struktur verändert. Nur noch wenige Großfirmen handeln mit Wein; daneben gibt es Weingüter, die neben ihrem Weingut und getrennt davon unter anderem Namen und mit unterschiedlicher Etikettenausstattung ein Unternehmen mit Handelsweinen betreiben. Die meisten sind stark exportorientiert.

Die Winzergenossenschaften

Sie vermarkten heute etwa 25 Prozent der Weinerzeugung an der Nahe. 1070 Winzer mit 1034 Hektar Rebfläche sind Mitglieder. Anno 1898 wurden die ersten Winzervereine in Heddesheim und Waldhilbersheim gegründet. Bis 1935 folgten in 19 bedeutenden Weinbaugemeinden Winzergenossenschaften. Im Zuge der Rationalisierung und Zentralisierung, ebenso zur Verbesserung des Absatzes wurde 1935 eine Gebiets-Winzergenossenschaft mit Sitz in Bad Kreuznach gegründet; sie ist eine der ältesten Gebiets-Winzergenossenschaften in Deutschland und hat zunehmend die Funktion einer Zentrale übernommen. Nach dem Zweiten Weltkrieg fusionierten im Anbaugebiet Nahe fast alle kleinen Winzergenossenschaften mit der Zentralkellerei in Bad Kreuznach. Lediglich die Winzervereine Meddersheim und Hargesheim blieben selbständig. Hauptabnehmer von Genossenschaftsweinen sind der Weinfachhandel (30 Prozent) und der Lebensmittelgroß- und -einzelhandel (55 Prozent). Gaststätten und Endverbraucher sind am Gesamtumsatz mit 15 Prozent beteiligt. Neuerdings entwickelt sich, vom Staat gefördert, eine neue Form der Zusammenarbeit von Produktion und Vertrieb, die sogenannte Erzeugergemeinschaft. Die erste entstand bei der Zentralkellerei der Nahewinzer Bad Kreuznach, hier als Genossenschaft, und weitere bei der Firma Ferdinand Pieroth, Burg Layen, sowie bei der Firma Erich Schick, Odernheim. Die Kooperation innerhalb dieser Erzeugergemeinschaften beschränkt sich nicht nur auf mengenmäßige Liefer- und Abnahmevereinbarungen, sondern erstreckt sich auch auf Beratung in der Weinbergsbewirtschaftung und damit auf eine marktgerechte Erzeugung.

Geschichte des Nahe-Weinbaues

Funde von Traubenkernen in vorgeschichtlichen Gräbern, Wohn- und Abfallgruben lassen vermuten, daß in vorrömischen Zeiten die Früchte der Wildrebe (vitis silvestris), die heute noch in den Auwäldern des Rheins zu finden ist, in Germanien genossen wurden. Weder bei Tacitus noch bei Cäsar finden sich Hinweise, daß der Wein in diesen Regionen bekannt war; sie berichten nur von Met-trinkenden Germanen.

Die Römer

Als früheste Zeugen für die Kultur der Rebe an der Nahe treten uns Bodenfunde aus der Römerzeit, wie Rebmesser und Mostsiebe, entgegen; sie werden im Heimatmuseum Bad Kreuznach aufbewahrt. Ausgrabungen von Mosaikböden und Bädern sowie andere Funde sprechen dafür, daß sich hier ein Zentrum der römischen Verwaltung befand und das Naheland an römischen Siedlungen und Villen reich war. Die gallo-romanische Vermittlung der Weinkultur in unseren Breiten spiegelt sich im allgemeinen Sprachgebrauch und speziell in der Winzersprache wider. Einige der bekanntesten Lehnwörter sind zum Beispiel: lat. vinum = Wein, lat. mustum = Most, lat. secarium = Sesel (Winzermesser), lat. cuparius = Küfer, lat. cellarium = Keller, gall. bascauda = Bäschoff (Legel), gall. glenare = glenen (Nachlese halten).

Arthur Heym sieht in den »Heckenwingerten«, wie er sie noch 1927 bei Monzingen antraf, ein Relikt aus der Römerzeit. Es handelt sich dabei um eine Art Kopfschnitt des Rebstocks, bei dem in Bodennähe drei bis fünf Zapfen an dem kopfähnlich verdickten Stamm angeschnitten werden. Die teilweise am Boden kriechenden Sommertriebe

werden sich selbst überlassen. Bronner fand die Hecken-
wingerterziehung 1834 zwischen Sobernheim und Ober-
stein und im Glantal noch stark verbreitet, während sie in
allen übrigen deutschen Anbaugebieten nicht mehr anzutreffen war.

Es wird angenommen, daß sich in ehemaligen Kastellen
wie Bad Kreuznach, Bingen oder Alzey eine ethnische
Minderheit romanischen Ursprungs halten konnte, die die
Kunst des Weinbaus bewahrte und überlieferte. Nach der
Lex Salica, einer Gesetzesverordnung des 6. Jahrhunderts,
wird für die Tötung eines Winzers das Strafmaß doppelt
so hoch angesetzt wie für den Mord an einem Knecht.
Dieses Gesetz läßt darauf schließen, daß von den romani-
sierten Franken nur wenige den hochspezialisierten Weinbau beherrschten.

Die Klöster

Mit der zunehmenden Konsolidierung der fränkischen
Herrschaft taucht nach der Christianisierung eine Institution auf, die für die Pflege des Weinbaus in den nachfol-
genden Jahrhunderten bestimmend werden sollte: das
Kloster. Aufgrund ihrer umfassenden Bildung auf allen
Gebieten sowie durch die Verquickung von wirtschaftlichen Interessen mit liturgischen Traditionen oder mysti-
schen Erfahrungen waren die Mönche geradezu prädesti-
niert, den Weinbau zu kultivieren. Dazu kamen von überall her die reichen Schenkungen. Ein Güterverzeichnis des
Reichsklosters Lorsch (Codex Laureshamensis) aus dem
8. Jahrhundert hält den Besitz des Klosters im Nahegau
fest. Weinberge und Weinzins sind dort für folgende Orte
belegt: Norheim (766), Waldlaubersheim (767), Langenlonsheim (769), Hüffelsheim (769), Weinsheim (770),
Monzingen (778). Fuldaer Besitz ist in Roxheim bereits
für das Jahr 773 nachzuweisen. Wir dürfen uns allerdings
nicht vorstellen, daß es sich bei den genannten Orten be-

reits im Frühmittelalter um reine Weinbaugemeinden handelte; in den Schenkungsurkunden werden immer auch Äcker, Wiesen und Gärten erwähnt.

Unter den begüterten Klöstern, die im Mittelalter für die Kultur des Naheweins eine wichtige Rolle spielten, sind zu nennen: die Reichsklöster Lorsch, Fulda und Prüm; die Klöster Rupertsberg, Disibodenberg, Sponheim, Ravengiersburg, St. Maximin (Trier), St. Peter (Bad Kreuznach), Eberbach und andere mehr. Dazu als geistliche Besitztümer die Stifte St. Servatius (Maastricht), St. Simeon (Trier), St. Stephan (Mainz) sowie das Mainzer Domkapitel, das im Nahegau reichen Besitz hatte.

Die Franken

Karl der Große ordnete in seinem Erlaß, dem sogenannten »Capitulare de villis«, unter anderem an, daß der Winzer nach Abgabe des Zehnten den überschüssigen Wein zuerst seinen Beamten zum Kauf für den kaiserlichen Keller anbieten müsse. Sei dann noch Wein da, so könne ihn ein jeder frei verkaufen, müsse dies aber durch einen Strauß an einer Stange kenntlich machen. Der heute noch geübte Brauch der Straußwirtschaft geht also auf Karl den Großen zurück.

Als im Jahre 843 im Vertrag zu Verdun das Reich unter den Söhnen Ludwigs des Frommen geteilt wurde, erhielt Ludwig der Deutsche »propter vini copiam« Ostfranken, das heißt den Nahegau neben anderen deutschen Weinbaugebieten.

Hunnischer und fränkischer Wein

Hildegard von Bingen, die große Mystikerin (1098–1179), die vom Kloster Rupertsberg aus viele Jahre segensreich wirkte, hinterließ der Nachwelt neben geistlichen Schriften und Dichtungen auch zwei medizinisch-naturwissenschaftliche Werke. Ihnen können wir die ersten detaillierten Informationen über den Weinbau an der Nahe entnehmen. Sie, die über reiche Kenntnisse auf allen Gebieten verfügte, maß dem Standort des Weines eine besondere Bedeutung zu. Der Wein wird danach unterschieden, ob er in der Ebene oder an Berghängen angebaut wurde. Sie äußert die Ansicht, der Wein von den Berghängen sei wertvoller, für Kranke jedoch weniger geeignet als der von der Ebene. Diese Bemerkung zeigt den hohen Stand der Weinkultur an der Nahe im 11. bzw. 12. Jahrhundert im Hinblick auf die Hanglagen! Es ist bekannt, daß deren Anlage und Bearbeitung besonderer Techniken bedarf, zum Beispiel Terrassenbau und Weinbergsmauern.

Hildegard von Bingen setzt sich auch mit dem vinum hunicum und vinum francium auseinander, wobei sie u. a. folgende Ratschläge erteilt: »Der fränkische und starke Wein läßt das Blut gleichsam aufwallen, und deshalb muß man ihn beim Trinken mit Wasser mischen; aber daß der hunnische Wein mit Wasser vermischt werde, ist nicht notwendig, da er von Natur wässerig ist.«

Die Einteilung der Weine in die beiden Kategorien hunnisch und fränkisch ist durch das ganze Mittelalter hindurch geläufig. Dem Anschein nach ist sie allgemein verständlich gewesen. Heute ist nicht mehr klar, welche Arten von Wein darunter zu verstehen sind. Die Ansichten der Experten gehen auseinander. Vor allem gibt der Begriff »Hunnischer Wein« Rätsel auf; folgende Deutungen werden angeboten: »Wein minderer Qualität«, »Wein, den eine Rebsorte vom Typus Elbling lieferte«, »Rot- bzw. Weißwein, der durch einen Anteil der anderen Rebsorte verfälscht wurde« und »Rotwein«.

Die Märkte

Die genaue Bezeichnung der Weine nach ihrer Herkunft hat sich erst im 19. Jahrhundert eingebürgert. Im Mittelalter wurden sie nur unter dem Namen des Weinmarkts, auf dem sie gehandelt wurden, bekannt. Der zentrale Markt für die Einkäufer, die vorwiegend vom Niederrhein kamen, war Kreuznach. Daher wurde der Nahewein in der Regel als »Kreuznacher«, gelegentlich als »Rheinwein« verkauft, kam aber auch als »Bacharacher«, wo sich der Stapelplatz am Rhein befand, in den Handel.

Der Preis wurde vom Magistrat der Stadt Kreuznach jeweils nach der Qualität eines Jahrgangs festgesetzt. Er war verbindlich für alle dort gehandelten Weine ohne Rücksicht darauf, ob sie aus einer guten oder weniger guten Lage stammten. Diese einheitliche Preisreglementierung erfuhr schon bald eine Erweiterung durch ein Verfahren, das in anderen Regionen bereits üblich war: die Gabelung. Wer ein Faß guten Weines erwerben wollte, konnte dies nur, wenn er zusätzlich ein Faß minderer Qualität kaufte. Durch diese Verkaufstechnik wurde verhindert, daß nur die guten Weine Absatz fanden und die weniger guten liegenblieben. So wie der Magistrat der Stadt den Kreuznacher Weinmarkt reglementierte, so war er auch bemüht, den heimischen Weinbau durch Erlasse zu schützen. Die Einfuhr auswärtiger Erzeugnisse war nur in Ausnahmefällen und dann nur nach der Entrichtung einer Abgabe gestattet. Es ist anzunehmen, daß darüberhinaus von der Obrigkeit Anbauverordnungen erlassen wurden, um einen qualitativ hochstehenden Wein zu fördern. Eine solche Verordnung ist nach Bassermann-Jordan für Bingen für das Jahr 1643 belegt: Der Stadtrat ordnete darin an, Riesling anstelle von Kleinberger (Elbling) anzubauen.

Burg Layen
mit der Ruine der Burg Layen

Arbeiten und Jahrgänge

Über den Umfang der Weinbergsarbeiten im 15. Jahrhundert geben uns Urkunden aus dem Kloster Eberbach, das im Nahegau reich begütert war, Aufschluß. Sie sind den heutigen durchaus gleichzusetzen. So wurden die Pächter verpflichtet – wie dies auch heute noch geschieht – den Weinberg zu snidin, stuckin, bindin, grabin, biegin, laubin, rurin, mit jungin stockin setzin, misten. All diese Weinbergsarbeiten waren zu bestimmten Terminen durchzuführen, wollte der Pächter einer Bestrafung entgehen. So mußten bis Ostern die Weinberge geschnitten, mit Pfählen versehen und geheftet sein, bis Pfingsten gegraben, bis St. Jakobstag gerührt (oberflächig gegraben). Gemistet wurde im Abstand von mehreren Jahren. Welch hohen Schwankungen die Erträge unterlagen, erfahren wir aus der Sponheimer Chronik des Abtes Johann Trithemius, die über weinreiche und weinarme Jahre berichtet. Zum Beispiel war das Jahr 1333 ein Jahr des Überflusses. Kurz darauf sollen jedoch Mißernten die Mönche des Klosters gezwungen haben, ihre wertvolle Bibliothek zu verkaufen. 150 Jahre später gab es wieder einen so vollen Herbst, daß, nach Trithemius, die Maurer ihren Mörtel mit Wein ansetzten.

Kriege

Die Klöster galten als Hauptträger der Weinkultur, daneben wußten aber auch geistliche und weltliche Fürsten wirtschaftlichen Gewinn aus dem Wein zu ziehen. Neben den im Nahegau gelegenen kleinen Herrschaftsgebieten waren es unter den geistlichen Fürsten vor allem die Erzbischöfe von Mainz und Trier; aber auch die Pfalzgrafen und Grafen von Sponheim spielten eine Rolle. Wie im gesamten Reichsgebiet, so lagen im Spätmittelalter auch an der Nahe die kleinen Fürsten fast ununterbrochen untereinander in Fehde. Die großen Territorialmächte führten innerhalb des Reichsgebietes Kriege gegeneinander oder waren in Streitigkeiten verwickelt, die aus veränderten europäischen Machtkonstellationen resultierten. In diesen Zeiten der kriegerischen Auseinandersetzungen wurden ganze Landstriche verwüstet. Natürlich wirkte sich dies auch auf den Weinbau verheerend aus. Der Naheweinbau hatte besonders unter dem bayrisch-pfälzischen Erbfolgekrieg (1503–1507), den Auseinandersetzungen in der Reformationszeit, der darauffolgenden teilweisen Säkularisierung, schließlich dem Dreißigjährigen Krieg (1618–1648) und dem Pfälzischen Erbfolgekrieg (1688–1697) zu leiden. Obwohl über ein Jahrhundert lang die Friedenszeiten selten waren, gab es Menschen, die es nicht aufgaben, den Weinbau fortzusetzen, zu verbessern und durch Gesetze zu schützen. So wurde er in die Neuzeit hinübergerettet.

Die Lese

Seit jeher wurde der Termin der Lese von der Obrigkeit festgesetzt. Im Mittelalter mag es sich hierbei um einen weltlichen oder geistlichen Herrn oder um den Magistrat einer Stadt gehandelt haben. Auch ihre Durchführung war streng reglementiert. Eine Herbstordnung der Stadt Kreuznach aus dem Jahre 1778 – sie steht exemplarisch für die vielen überlieferten Herbstordnungen – wird auf der folgenden Seite wiedergegeben. Sie führt uns vor Augen, wie wenig sich im Laufe der Zeit bei der Traubenlese verändert hat.

Auch heute, 200 Jahre nach dieser Verordnung, wird durch einen Leseausschuß der Gemeinde oder der Stadt der frühestmögliche Lesetermin bzw. die Schließung der Weinberge festgesetzt. Ebenso wird darauf geachtet, daß alle Hohlmaße, die beim Weinhandel benutzt werden, geeicht sind. Die Herbstlöhne waren, wie auf der Tabelle ersicht-

Herbstordnung für die Stadt Kreuznach von 1778.

Gleichwie den 15ten Octobris die Vorlahs und daraufhin ins-
gemein die Weinlahs resolviret worden, als wird verordnet, dass:
1) alle Fuhrfässer und sonstiges Geschirr der Verzehendung
   wegen ordentlich geeichet.
2) des Morgens von sechs Uhr Niemand aus der Stadt, noch
   Abends nach sechs Uhr in die Stadt fahren oder mit Geschirr
   hinaus oder hereingehen solle und zwar bei drey Gulden
   Straff.
3) Solle alle Stoppelung bis nach beendigtem Herbst bei ein
   Rthaler oder Leibesstraff verbotten seyn.

Taxen.

Einem Büttenträger oder Kelterknecht ohne Kost   24 xer.
„   „   „   „   mit Kost .   12 xer.
Einem Leser ohne Kost . . . .   12 xer.
„   „   mit Kost   . . . .   6 xer.
Für eine Fahrt Most von weiten Bergen . . . .   24 xer.
„   „   „   „   „ mittleren Bergen . . .   20 xer.
„   „   „   „   „ nächsten Bergen . . .   15 xer.

Kurpfälzischer Stadtrath
gez. Potthoff.

St. A. K. 701. Nr. 467.

lich, vom Rat festgelegt; auch dieser Vorgang findet eine
Parallele in der Gegenwart. Allerdings bestimmt heute
nicht der Magistrat die Löhne, sondern es werden Lohn-
empfehlungen vom Weinbauverband Nahe herausgegeben. Ein Vergleich der damaligen Löhne mit den heutigen dürfte interessieren: 1778 erhielt ein Büttenträger,
wenn vom Arbeitgeber keine Kost gestellt wurde, 24 Kreuzer am Tag (1 Rheinischer Gulden = 60 Kreuzer). Ein
Leser wurde unter gleichen Bedingungen mit 12 Kreuzern
bezahlt. Um eine Beziehung zu den heutigen Löhnen her-
zustellen, stellen wir diese Zahlen in Abhängigkeit von
den Preisen der Grundnahrungsmittel. Ein Ei kostete damals einen Kreuzer, für einen Gulden erhielt man 1,5 kg
Butter. Dem Legelträger 1978 wurden im Durchschnitt für

eine Arbeitsstunde DM 5,70, dem Leser DM 4,80–5,00 gezahlt. Die Arbeit eines ganzen Tages – in der Regel mehr als 8 Stunden – hatte also im 18. Jahrhundert nur den Gegenwert von 24 Eiern; heute arbeitet der Weinbergsarbeiter etwas länger als eine Stunde dafür. Auffällig an der alten Herbstordnung ist unter anderem die hohe Bewertung der Arbeitsleistung des Legelträgers, während der Unterschied in der Bezahlung des Lesers, verglichen mit heute, geringer ist.

Das 19. Jahrhundert

Von wirtschaftlicher Bedeutung für den Weinbau im gesamten linken Rheingebiet war die 20jährige französische Besatzungszeit zu Beginn des 19. Jahrhunderts. Ein Dekret ordnete damals die Säkularisierung aller Kirchengüter an. Dabei wurden die Weingüter häufig in wirtschaftlich nicht zu rechtfertigender Weise aufgesplittert und versteigert. Zu den Vorteilen, die den Winzern eine zentrale Verwaltung brachte, gehörten die Aufhebung des Weinzehnten und anderer Naturalsteuern. Sie erwiesen sich jedoch als gering im Vergleich zu einem weiteren Nachteil: Der Nahewein mußte jetzt in Wettbewerb mit dem französischen Wein treten. Erst die Eingliederung des linken Rheinufers ins Preußische Reich 1815 schuf hier günstigere Marktvoraussetzungen. Mit dem Beitritt Preußens zum Deutschen Zollverein 1834 mußte der Protektionismus wieder aufgegeben werden, so daß dem Nahewein erneut eine starke Konkurrenz, diesmal aus Süddeutschland und der Pfalz, erwuchs. Viele Winzer gerieten in Not und waren gezwungen, sich anderswo eine Existenzgrundlage zu schaffen. Sie wanderten in den 40er und 50er Jahren vorwiegend nach Amerika aus. Weinbaulich bedeutsam ist dieses Jahrhundert wegen des Auftretens verschiedenartiger Schädlinge, die aus dem Ausland eingeschleppt wurden: die Peronospora, der Echte Mehltau und die Reblaus.

Bereits 20 Jahre, bevor Friedrich Wilhelm Raiffeisen der überall entstehenden bäuerlichen Selbsthilfe eine feste organisatorische Gestalt gab, findet sich an der unteren Nahe ein genossenschaftlicher Winzerverband. Die Initiative zur Gründung des »Weinbauproduzentenvereins am preußischen Oberrhein« ging 1847 vom Weingutsbesitzer Euler am Rupertsberg aus. Aber schon nach wenigen Jahren löste sich der Verein auf. Erst 1898 kam es erneut zu genossenschaftlichen Zusammenschlüssen. Innerhalb kurzer Zeit wurden Winzervereine in Heddesheim und Waldhilbersheim (1898), Langenlonsheim (1899), Niederhausen und Laubenheim (1902) gegründet. Bis auf Langenlonsheim und Niederhausen, die sich auf dem Markt durchzusetzen vermochten, hatten die anderen Zusammenschlüsse nicht lange Bestand. Nach dem Zweiten Weltkrieg hat sich die Zahl der selbständigen Genossenschaftskellereien durch Zusammenschlüsse vermindert. Heute befindet sich die Zentralkellerei in Bretzenheim an der Nahe.

Der moderne Qualitätsweinbau

Das Auftreten der Reblaus an der Nahe wurde gegen Ende des Jahrhunderts in Langenlonsheim zum ersten Mal festgestellt. Sie verbreitete sich dann über das ganze untere Nahegebiet und verursachte schlimmste Schäden. Die Vernichtung der Weinberge, so beklagenswert sie auch war, bot zugleich eine Chance. Die durch die Besitzzersplitterung aufgrund der Realteilung entstandenen Klein- und Kleinstflächen konnten in einem Zuge mit der Neuanpflanzung reblausresistenter Sorten und der Vergrößerung der Parzellen durch die Flurbereinigung in eine moderne Bewirtschaftungsform umgewandelt werden. 1929 wurde das Kulturamt in Bad Kreuznach gegründet, das Vorbildliches geleistet hat.

Windesheim
mit der Lage Römerberg

Durch die Flurbereinigung, d. h. die Zusammenlegung von Weinbergsgelände in der Neuzeit, wurden die alten Kleinstparzellen durch wirtschaftlich sinnvolle Weinbergsflächen abgelöst. Dank dieser Maßnahmen gelang es, die ständig steigenden Kosten bestmöglich aufzufangen und den kleinen sowie mittelständischen Betrieben eine günstigere Ausgangsposition zur Existenzsicherung zu geben. Sortenauswahl nach wissenschaftlichen Erkenntnissen und Verwendung sorgfältig selektierten Pflanzgutes erhöhten die Ertragssicherheit und Qualitätsleistung der neuen Weinberge beträchtlich. Auch der Staat Preußen unterstützte die Bemühungen, qualitativ hochwertige Weine zu produzieren. Die von ihm 1900 ins Leben gerufene Provinzial-Wein- und Obstbauschule Bad Kreuznach, die heute als Landeslehr- und Versuchsanstalt für Weinbau, Gartenbau und Landwirtschaft fortgeführt wird, legte den Grundstein für eine fachgerechte und zukunftsorientierte Ausbildung des Winzernachwuchses. Die theoretischen Kenntnisse, die diese Schule vermittelte, in die Praxis umzusetzen, war die Aufgabe der zwischen 1901 und 1910 entstandenen Staatlichen Weinbaudomäne Niederhausen-Schloßböckelheim. Sie leistete zugleich Pionierarbeit auf dem Weinsektor.

Weitere wichtige Impulse zur qualitativen Steigerung des deutschen Weinbaus gingen von der Naheregion aus. Der Kreuznacher Landrat Ludwig Philipp Hout führte als erster in Deutschland 1837 die Reberziehung am Drahtrahmen ein, eine Technik, die heute aus dem Weinbau nicht mehr wegzudenken ist.

Das unter dem Namen »Binger Seilzug« bekanntgewordene Bodenbearbeitungsgerät revolutionierte den Weinbau in den Steillagen. Es wurde an der unteren Nahe 1950 zum ersten Mal eingesetzt.

Die späte Lese an der Nahe

Die späte Lese der Trauben ist heute für den deutschen Qualitätswein Voraussetzung geworden. Bis sich diese Einsicht durchsetzte, bedurfte es langjähriger Erfahrung. Heute ist diese Tatsache jedem Winzer bewußt. Auf Möglichkeit und Vorteil der Spätlese für die Nahe hat erstmals Freiherr von Recum, Königl. Bayerischer Geheim Rath, Guts-Besitzer zu Kreuznach in Rhein-Preußen, aufmerksam gemacht. 1885 faßte er die Ergebnisse seiner Versuche mit der Spätlese in einer kleinen Schrift zusammen, die der Weinorden an der Nahe als Schriftenreihe Nr. 1 herausgegeben hat. Darin heißt es: »Nahe unter der Burg liehs er am 12. Oktober – der von der Stadtbehörde zum Herbst Anfang bestimmte Tag – ein Stück Wein lesen. Die übrigen Trauben im nemlichen Weinberg blieben bis zum 27. Oktober hängen; an diesem Tag wurde abermals ein Stück in diesem Weinberg gelesen, nachdem die Trauben weit edler von Geschmack waren, wie jene am 12. Oktober schon gelesene, beyde Stück Wein sind demnach aus dem nemlichen Weinberg. Kenner aus dem Rheingau, Mainz und Kreuznach schätzten den letzteren höher und bieten 20 Prozent mehr.«

Von Recum erhob ferner die Forderung nach einer sorgfältigen Auswahl der anzupflanzenden Rebsorten, die damals noch weitgehend in gemischtem Satz standen. Die Erzeugung von hochwertigen Spät- und Auslesen, die Arthur Heym im Jahr 1927 noch allein den Großbetrieben vorbehalten sah, wird heute von Betrieben aller Größenordnung praktiziert. Im Jahr 1921 erreichte die Staatsdomäne in Niederhausen mit einem Rekordmostgewicht von 308° Oechsle ein in Deutschland in seiner Höhe einmaliges Ergebnis.

Klima

Das untere Nahetal, ein Ausläufer des warmen oberrheinischen Beckens, liegt, geschützt von Soonwald und Pfälzer Bergland, in deren Wind- und Regenschatten. Seiner geographischen Lage entsprechend hat es ein sommerwarmes, wintermildes Weinklima mit häufigen Aufheiterungen und hohem Anteil an Gewitterregen. Großklimatisch betrachtet liegt das Tal in dem Übergangsraum zwischen kontinentalem und ozeanischem Klima. Der Einfluß des ersteren zeigt sich in den hohen Sommertemperaturen und einem sommerlichen Niederschlagsmaximum, während der Einfluß des letzteren die milden Wintertemperaturen bewirkt. Örtlich treten natürlich klimatische Unterschiede auf, die durch Oberflächengestaltung, Gesteins- und Bodenarten sowie durch den Bewuchs bedingt sind.

Im Laufe der Jahrhunderte haben Generationen von Winzern die Gunst der natürlichen Gegebenheiten für den Anbau der Rebe zu nutzen gewußt. So stehen heute Weinstöcke nur dort, wo eine optimale Ausnutzung von Klima, Standort und Boden gewährleistet ist. Das Rebland der Nahe bildet keine zusammenhängende Rebfläche, sondern beschränkt sich – zum Teil in Kleinflächen – auf die geschützten, gut besonnten Hänge.

Niederschläge

Das untere Nahetal gehört mit einer Jahresmenge von 525 mm im 50jährigen Durchschnitt zu den niederschlagsärmsten Gebieten Deutschlands. Dabei fallen im langjährigen Mittel in der Naheniederung von Bad Kreuznach flußabwärts sogar nur 500 mm Regen. Die flußaufwärts oder auf den Terrassen gelegenen Weinberge sind mit bis 600 mm etwas besser dran, während die Hunsrückhöhen

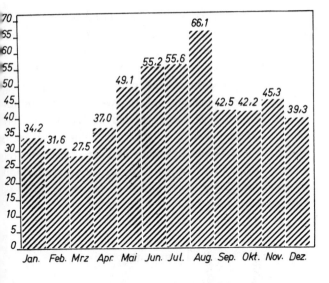

Die Niederschlagsmengen an der Nahe
im 50jährigen Durchschnitt

bis 1000 mm aufweisen. Die im Westen und Norden vor-
gelagerten Höhenrücken des Hunsrück, Hoch-, Idar- und
Soonwaldes sind die Ursache der im Weinland geringen
Niederschläge. Aus Westen kommende, regenbringende
Winde werden durch die Berge zum Aufsteigen gezwungen, kühlen dabei ab und lösen Niederschläge aus. Die
nach Osten neigenden Höhenrücken und Täler erhalten
dadurch nur wenig Regen. Die Niederschlagsverteilung
im Nahegebiet ist für die Rebe günstig. Während der
Wachstumsperiode der Rebe im Juni, Juli, August fallen
die meisten Niederschläge. Hierbei hat der August – es ist
die Zeit, in der die Beeren schwellen – den höchsten Regen-
anteil mit einer Niederschlagshöhe von 66,1 mm. Das
sind 12,6 Prozent der gesamten Jahresmenge. Daß die
Weinlesemonate September und Oktober regenärmer sind,
ist von Vorteil; schlechtes Herbstwetter hindert nicht nur
die Lese, es beeinträchtigt verständlicherweise auch die
Qualität des Lesegutes.

43

Im großen ganzen kommt die Rebe mit den 525 mm Jah
resniederschlägen aus. Sie ist ein Tiefwurzler und nimmt
im Gegensatz zu anderen Kulturpflanzen, auch in länge
ren Trockenperioden noch Feuchtigkeit aus größere
Bodentiefen – in extremen Fällen bis zu 10 m – auf. Ledig
lich in höheren Lagen und auf ungewöhnlich flachgründi
gen Böden kann es vorkommen, daß die Rebe in Trocken
zeiten nicht genügend Wasser für die Weiterentwicklung
von Stock und Traube bekommt und die Trauben notrei
werden, also an Saft verlieren, bevor sie ausgereift sind
Das war zum Beispiel in den heißen Jahren 1959, 1964
1971 und 1976 der Fall.

Temperatur

Die mittlere Jahrestemperatur beträgt, in Bad Kreuznach
gemessen, 9,5° C, außerhalb des Weinbaugebietes auf der
Hunsrückhöhen 5° C.
Im Durchschnitt wird im Sommer die 30°-Marke elfma
überschritten. In milden bis kälteren Wintern schwanker
die Frosttage (Tage mit Temperaturminima unter 0° C)
zwischen 72 und 113. »Eistage« (= höchste Temperatu
des Tages bleibt unter 0° C) werden im Durchschnitt
20 pro Jahr registriert. Eine sogenannte »Temperatur-
umkehr« kommt im Winter, Frühjahr und Herbst vor.
Dabei bildet die von den Höhen in die Niederungen ab-
fließende unterkühlte Luft dort, wo das Abfließen durch
Talengen erschwert wird, sogenannte »Kälteseen« in den
Talbecken, während es auf den umgebenden Höhen wär-
mer ist. Für die Rebkulturen gefährliche Kaltlufteinbrüche
in den Monaten April bis Anfang Juni sind auf das Ein-
strömen nordatlantisch-polarer Luftmassen zurückzufüh-
ren; in abgemildertem Zustand gelangen sie vom Hunsrück her ins Nahegebiet.
Die klimatische Begünstigung des unteren Nahelandes
wird besonders deutlich in den phänologischen Verhält-

Guldental. Links die katholische Jakobus-Kirche,
rechts die evangelische Kirche.
Dahinter die Lagen Sonnenberg und Hölle

nissen (Wachstumsverlauf von Pflanzen). So setzt der
Frühling im Gebiet um Kreuznach 20 bis 25 Tage früher
ein als im Hunsrück. Die Weinrebe reagiert als klima-
tischer Indikator so fein, daß sie sich zum phänologischen
Überblick über ein ganzes Gebiet weniger eignet als zur
Bestimmung lokalklimatischer Unterschiede.

Sonnenschein

Die Sonneneinstrahlung beeinflußt die Temperatur des
Bodens und das Kleinklima rund um den Weinstock. Günstige Hangneigung (Inklination) und Hangrichtung (De-
klination) sowie Bodenart verbessern die örtlichen Klima-
werte. Die Sonne hat nicht nur eine direkte Wirkung, sondern übt durch Erwärmung von Boden und bodennaher
Luftschicht auch einen indirekten Einfluß aus. Da das Nahe-
gebiet im Bereich des 50. Grades nördlicher Breite liegt,
müssen die natürlichen Gegebenheiten in Bezug auf die
Einstrahlung der Sonne vom Winzer besonders beachtet
werden. Nach Angaben des Statistischen Landesamtes Bad
Ems 1967 liegen an der Nahe die meisten Weinberge am
Hang und im steilen Berg:
Flachlagen (weniger als 5 Prozent Steigung) = 28 Prozent
Hanglagen (5–20 Prozent Steigung)   = 47 Prozent
Steillagen (mehr als 20 Prozent Steigung) = 25 Prozent
_____
                                      100 Prozent
Die für die Rebe geforderte mindeste Sonnenscheindauer
von 1300 Stunden wird an der Nahe mit 1542,5 Stunden
ausreichend erfüllt. Eine extrem hohe Anzahl an Sonnenscheinstunden hatten die guten Weinjahre 1949 (1845),
1953 (1661), 1959 (1975), 1964 (1662), 1967 (1722),
1971 (1765).
Von besonderer Bedeutung sind die Sonnenscheinstunden,
die im Zeitraum Mai bis September auf die Reben ein-
wirken. Es sind im Berichtsgebiet 64,2 Prozent der Jahresmenge, wobei der Juli mit 221,2 Stunden den höchsten

46

Monatswert des Zeitraums hat. Die Wirkung der Strahlung wird in den Weinbergs-Lagen, die an die Ufer der Nahe und deren Zuflüsse angrenzen, durch die Reflexion der Wasserflächen positiv verstärkt. In extrem trockenen Jahren kann sich zu intensive Sonneneinwirkung ins Negative umkehren, wenn die Menge des von den Reben verdunsteten Wassers größer ist als der Nachschub vom Boden her. Trockenschäden, Vergilben und Abfallen des Laubes sowie Anwelken der Trauben und niedrigbleibende Mostgewichte sind die Folge.

Geologie und Böden

Das untere Naheland schiebt sich als nördlichster Ausläufer der Oberrheinischen Tiefebene zwischen dem Saar-Nahe-Bergland und dem Rheinischen Schiefergebirge nach Westen vor. Der weinbaulich genutzte Kern des Gebietes besteht aus den zur Nahe hin abfallenden Terrassenflächen, die durch Flüsse und Bäche in Riedel und Hügel zerlegt wurden, so daß zahlreiche gute Hanglagen in günstiger Sonnenexposition entstanden. Im Osten des Gebietes bleibt der flächenhafte Charakter der Landschaft gewahrt; im Westen und Süden zerschneiden die Nebentäler das Relief und verwischen den flächenhaften Eindruck.

Geologisch gesehen läßt sich das Gebiet wie folgt aufgliedern: 1. die Quarzit- und Schieferreste des Devons im Norden; 2. das Rotliegende im Westen; 3. die Sandstein-, Löß- und Lehmablagerungen des Tertiärmeeres um Bad Kreuznach und im Osten und 4. die vulkanischen Porphyre, die sporadisch, aber am häufigsten in der Mitte des Gebietes zutagetreten.

Das Devon

Im nördlichen Teil stößt die Großlage Schloßkapelle auf den Faltenrumpf des Rheinischen Schiefergebirges. An Gesteinen treten Hunsrückschiefer, Grauwacke und Quarzite des Devons auf. Die Gesteine bilden je nach Härte und Widerstandsfähigkeit in Richtung SW nach NW verlaufende Höhenzüge. Nach der geologischen Karte bildet das Rheinische Schiefergebirge eine scharfe Grenze gegen die Sandsteine des Rotliegenden. In der Oberflächengestalt ist der Bruch kaum erkennbar, die Terrassen des Schiefergebirges gehen unmerklich in das südlich anschließende Bergland über.

Das Gestein verwittert nur langsam zu sandig-lehmigen, ziemlich tiefen, mittelschweren Böden, die häufig Gesteinsschutt führen. Sie sind meist kalkarm und neigen zur Versauerung und Ausbleichung, ein Versorgungsmangel, dem durch Düngung abgeholfen werden kann. Ebenso wie die Schieferböden an Mosel und Rhein bringen diese Böden spritzige, rassige Weine hervor. Es ist flächenmäßig das kleinste geologische Gebiet im Naheweinbau.

Das Rotliegende

Den westlichen Teil der unteren Nahe, insbesondere die Großlagen Paradiesgarten und Rosengarten, nehmen ausgedehnte Flächen von Sedimenten des Rotliegenden ein. Zum Hunsrück hin, also im Nordosten der beiden Großlagen, insbesondere in der Sobernheimer Talweitung, finden sich Sandsteine und Quarzitkonglomerate der zum Oberrotliegenden gehörenden Waderner Schichten mit dunkelroten, tiefgründigen, warmen Böden. Gegen Südosten schließen feinere, mürbe Sandsteine und Tonschiefer des Unterrotliegenden an mit hinreichend tiefgründigen, gut durchlüfteten, mehr sandigen oder lehmigen Böden. Die auf Rotliegendem gewachsenen Weine sind nachhaltig und blumig mit feiner, anregender Säure.

Das Tertiär

Der östliche Teil des Weinbaugebietes, das Kreuznacher Hügelland, mit den Großlagen Rosengarten, Pfarrgarten, Schloßkapelle, Sonnenborn und Kronenberg, wird vorherrschend von Ablagerungen des Tertiärs und des Diluviums eingenommen. Das Tertiärmeer buchtete in das heutige untere Naheland aus. Die Küste der Tertiärmeeres verlief den Südhang des Hunsrücks entlang. In den küstennahen Gebieten, also im westlichen Teil der Groß-

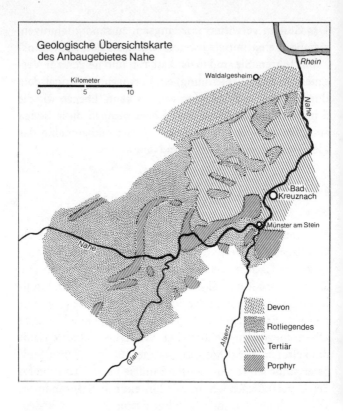

Geologische Übersichtskarte
des Anbaugebietes Nahe

Kilometer
0   5   10

Rhein

Waldalgesheim

Nahe

Bad
Kreuznach

Münster am Stein

Nahe

Alsenz

Glan

Devon

Rotliegendes

Tertiär

Porphyr

lagen Rosengarten, Schloßkapelle und Pfarrgarten, werden die Böden von Sanden und Konglomeraten des jüngeren Schleichsandes gebildet; in den küstenfernen Gebieten, das sind die Großlagen Kronenberg und Sonnenborn, von mergeligen Tonen (Rupelton) und mergeligen Sanden (Schleichsand). Die diluvialen Terrassen der unteren Nahe ziehen sich von Martinstein bis Waldböckelheim in einem schmalen Streifen an der Nahe entlang und verbreitern sich ständig, so daß sie fast den ganzen Rest des unteren Nahelandes einnehmen. Da sie mit einer dem Weinbau günstige klimatische Verhältnisse bietenden Höhenstufe zusammenfallen (75–260 m über NN), bilden die Hänge dieser Terrassengruppe einen Schwerpunkt des Naheweinbaus. In tieferen Lagen beiderseits der unteren Nahe sind auch Lößablagerungen zu finden. Der Löß kam wahrscheinlich während der letzten Eiszeit durch Staubstürme zur Ablagerung. Die nicht vom Löß bedeckten Tertiärablagerungen von Langenlonsheim, Heddesheim, Dorsheim und Waldlaubersheim mit ihren schweren, tiefgründigen Lehm- und Lettböden neigen in feuchten Jahren zur Vernässung. Um Schädigungen an den Reben zu verhindern, brachten die Winzer auf solchen Standorten Schlakken, Devonschieferbrocken oder Rotliegendbrocken in den Weinbergen zur besseren Durchlüftung und Lockerung der obersten Bodenschichten ein. Elegante, ausgeglichene, feinblumige Weine, vom Schotter zarter, vom Löß vollmundiger, sind für die Böden aus dem Tertiär typisch.

Die Porphyre

Südlich der tertiären Ablagerungen, hauptsächlich in den Großlagen Kronenberg und Burgberg, liegt zwischen Bad Kreuznach und Schloßböckelheim der Schwerpunkt der vulkanischen Böden. Sie sind vorwiegend kalkarm, sandig, stark mit Porphyrbrocken durchsetzt, flachgründig und wegen der Durchlässigkeit des Gesteins trocken. Nur an begünstigten Stellen bilden sich örtlich etwas tiefgründigere, sandig-lehmige, ebenfalls steinreiche Böden. Auf diesen heißen, steinigen Skelettböden des Quarzporphyrs und Porphyrits, die ebenso wie die Melaphyrböden aufgrund der dunkleren Färbung und Zerklüftung das Wachstum der Rebe fördern, gedeihen an sonnenreichen Hängen vorzügliche würzige, vollmundige, nachhaltige Weine.

Boden und Rebe

Vom Boden her gesehen, gibt es kaum ein anspruchsloseres Gewächs als die Rebe. Sie gedeiht sogar auf Böden, die landwirtschaftlich sonst nicht genutzt werden können. Dabei spielt der Nährstoffgehalt eine untergeordnete Rolle im Vergleich zur Wasserführung und zum Wärmehaushalt. Mängel oder Einseitigkeiten des Nährstoffhaushaltes lassen sich durch Düngung leichter korrigieren als Schwierigkeiten, die auf Vernässung und Bodenauskühlung zurückgehen. Demgemäß wächst die Rebe durchaus auf trockenen, steinigen Standorten, wogegen die zur Vernässung und damit Auskühlung neigenden schweren Lehmböden den Weinbau beeinträchtigen.

Da die Geschmacksausprägung der Weine von der Bodenart mitgeformt wird, ergeben sich im Nahegebiet durch die geologische Vielseitigkeit Differenzierungen der Weine in Art und Qualität. Insbesondere werden Spitzenqualitäten vom geologisch-petrographischen Standortfaktor geprägt. Da aber neben dem geologischen Untergrund auch die durch Klima, Exposition und Bearbeitung geformten Bodenverhältnisse zu den Eigentümlichkeiten eines Standortes gehören, läßt sich eine pauschale Beurteilung der Weine in Abhängigkeit von den geologischen Verhältnissen allein nicht durchführen.

Ergänzend läßt sich sagen, daß im allgemeinen von den Gesteinsverwitterungsböden, insbesondere des Porphyrs und des Schiefers, rassige, nervige Weine kommen, unter denen die der Rebsorten Riesling, Müller-Thurgau, Scheurebe und neuerdings auch Faber und Kerner besonders typisch sind. Wo auf dem Ausgangsgestein Lehm- oder Konglomeratschichten lagern, also auf den mehr tiefgründigen, alkalischen Böden mit höherem Lehmanteil, wachsen mildere und gefälligere Weine, insbesondere der Rebsorten Müller-Thurgau, Silvaner und neuerdings Kerner und Bacchus.

Rebsorten

Die einzelnen Rebsorten im Gebiet Nahe in frühere Jahrhunderte mit Sicherheit zurückzuverfolgen, ist kaum möglich, da man im Mittelalter lediglich zwischen weißen und blauen Rebsorten unterschied; bei den Weinen war der Unterschied zwischen hunnischen und fränkischen bekannt. Die Forschung muß sich größtenteils mit Vermutungen begnügen. Schriftliche Darstellungen einzelner Rebsorten gab es erst, als man Anfang des 19. Jahrhunderts begann, diese in reinem Satz anzubauen, also nicht mehr gemischt im gleichen Weinberg. Oft wurde aber die gleiche Sorte unterschiedlich bezeichnet, und Namen wechselten häufig im Laufe der Generationen.

Der Weinbau stand bis Ende des 18. Jahrhunderts unter dem Zwang, nur Reben mit ausreichendem Ertrag ohne Rücksicht auf Qualität anzubauen. Ursache dafür war die Abgabe des Weinzehnten, der im linksrheinischen Gebiet erst durch die Franzosen um 1800 abgeschafft wurde. Damals wurden Riesling, Silvaner, Traminer und Veltliner, vereinzelt auch Elbling und Portugieser sowohl im reinen Satz als auch gemischt angebaut. Der Riesling, als bedeutendste Qualitätssorte, wird nach Bronner (1834) an der Nahe erstmals im 17. Jahrhundert erwähnt. Mit der Errichtung einer Weinbaulehranstalt in Bad Kreuznach im Jahre 1900 begann ein systematischer Anbau der Rebsorten. Hinweise und Beispielanlagen förderten das Vorhaben. Der Standort und seine Einflüsse wurden hinsichtlich des Reifens der Trauben mehr und mehr berücksichtigt. Als Folge des sortenreinen Weinausbaus bildete sich auch eine gebietstypische Eigenart heraus, was den Bekanntheitsgrad der Naheweine förderte. Der immer schärfer werdende Wettbewerb auf dem Weinmarkt macht es erforderlich, daß unter Berücksichtigung aller Einflußfaktoren nur die Sorten zum Anbau gelangen, die die Gewähr bieten, im Durchschnitt der Jahre eine gute Qualität zu liefern. Die deutsche Rebenzüchtung ist daher bemüht, den Winzern neue Sorten zu liefern, die früher zur Reife gelangen als Riesling und Silvaner. An der Nahe finden besonders solche Sorten Beachtung, die entweder in ihren Weinen einen rieslingähnlichen Charakter aufweisen oder die es dem Winzer aufgrund früherer Reife ermöglichen, optimale Qualitäten zu erzielen. Die Landes-Lehr- und Versuchsanstalt zu Bad Kreuznach ist bemüht, durch den versuchsmäßigen Anbau von über 50 neuen Sorten diejenigen herauszufinden, welche die Bedingungen erfüllen, die Boden, Standort, Rebschutz, Weinausbau und Absatz neben der Wahrung gebietstypischer Merkmale an die neue Sorte stellen.

Entwicklung des Rebsortenspiegels

Zur Zeit der Jahrhundertwende standen noch mehr als die Hälfte der Weinberge des Anbaugebietes Nahe, nämlich 57 Prozent, im gemischten Satz, und 1921 waren es noch 35 Prozent, wie nachfolgende Statistik zeigt. Weiter ist der Siegeszug des Silvaners bis 1954 feststellbar, der es immerhin auf 54 Prozent der gesamten bestocken Fläche bringen konnte, ein Anteil, wie er im Anbaugebiet Nahe im Reinanbau nie wieder von einer Rebsorte erreicht wurde.

Ab 1954 ist der Siegeszug des Müller-Thurgau beachtlich, der sich von 10 Prozent (1954) auf 30 Prozent (1977) vermehren konnte. Der Riesling hat zwar seine Fläche halten können, jedoch hat er seinen Bestand nicht weiter ausgedehnt. Das liegt daran, daß nur erstklassige Lagen mit Riesling bebaut werden können. Ihm ist von der Qualität der Flächen her eine Begrenzung gegeben. Unter »Sonstige« sind zusammengefaßt für die Jahre 1909 bis 1921: Orleans, Traminer, Kleinberger und andere rote Sorten; ab 1954: Scheurebe, Ruländer, Faber, Kerner, Sie-

Die Lage Langenlonsheimer Rothenberg

gerrebe, Spätburgunder und andere und ab 1965: Faber, Bacchus, Kerner, Optima und andere.

Rebsortenverteilung in Prozent der bestockten Rebfläche

	1909	1921	1954	1964	1971
Silvaner	23	42	54	40	33
Riesling	13	18	32	29	27
Müller-Thurgau	–	–	10	26	29
Gemischter Satz	57	35	–	–	–
Sonstige	7	5	3	4	7

	1973	1974	1975	1976	1977
Silvaner	31	28	26	24	23
Riesling	24	24	23	22	23
Müller-Thurgau	30	31	31	31	30
Gemischter Satz	–	–	–	–	–
Sonstige	15	17	20	23	24

Die nachfolgende Tabelle zeigt den derzeitigen Sortenspiegel in Hektar Rebfläche, Stand 1977:

Müller-Thurgau	1379	Huxelrebe	36
Silvaner	1034	Optima	32
Riesling	982	Traminer	22
Scheurebe	225	Siegerrebe	21
Kerner	154	Ortega	14
Ruländer	116	Sonstige Neuzüchtungen	
Bacchus	114	(Blauer Spätburgun-	
Faber	99	der, Bl. Portugieser	150
Morio Muskat	60		
Weißer Burgunder	56	Gesamt	4494

(Nach Unterlagen des Statistischen Landesamtes Bad Ems)

Siegerrebe, Weißer Burgunder, Ruländer und Morio Muskat erfreuten sich in den 50er und 60er Jahren zunehmender Beliebtheit, wurden dann aber in den letzten Jahren von Kerner, Faber und Bacchus abgelöst. Die im Jahre 1976 am häufigsten neugepflanzte Rebsorte war Kerner mit 36 Hektar, gefolgt von Müller-Thurgau mit 33 Hektar, Bacchus mit 20 Hektar, Riesling mit 19 Hektar, Optima mit 12 Hektar und Faber mit 13 Hektar. Es ist anzunehmen, daß das Verhältnis der Rebsorten an der Nahe sich weiterhin verändern wird.

Die Hauptrebsorten und ihre Weine können wie folgt charakterisiert werden:

MÜLLER-THURGAU liefert im Naheraum sichere und hohe Erträge. An die Lage stellt er klimatisch geringe Ansprüche und bringt in guten Lagen fast in jedem Jahr Kabinettweine und in guten Jahren schöne Spätlesen. Vom Boden verlangt er etwas mehr als der Riesling. Tiefgründige, frische, nicht zu trockene Böden sagen ihm besonders zu. Gegen Trockenheit ist er empfindlich, weshalb er auf den flachgründigen, kiesigen und mit Steingrus durchsetzten Böden nicht zu finden ist. Der Müller-Thurgau liefert fruchtige, harmonische Weine. In den Säurewerten bleibt er verhältnismäßig hoch, so daß die Weine sich oft spritzig und lebendig präsentieren.

Der SILVANER, der heute noch an zweiter Stelle im Anbau steht, hat seine Fläche zugunsten neuer, bukettstärkerer Sorten verringert. Er zählt zu den sichersten im Anbau, da er blütefest ist und in jedem Jahr befriedigende Erträge erbringt, ohne große Schwankungen von Jahr zu Jahr aufzuzeigen. Als Wein erreicht er, bedingt durch die Standorte, eine dezente oder feinblumige, nicht zu schwere Note. Aus betriebswirtschaftlicher Sicht sollte der Silvaner Bestandteil des Sortiments bleiben. Er ist vor allem im mittleren Raum der Nahe vertreten und gedeiht auf allen Bodenarten vom flachgründigen Gesteinsboden bis zum tiefgründigen Lehm- oder Tonboden. Seine Winterfestigkeit ist gut. Der Vorteil dieser Sorte liegt darin, daß sie in Lagen, in denen der Riesling selten reif wird, noch gute Mostgewichte erzielt.

Der RIESLING erfährt, besonders auf den Gesteinsverwitterungsböden, eine so sortentypische Ausprägung, daß diese Weine wegen ihres Schliffs, ihrer Eleganz und Rasse zu den großen Rieslingweinen Deutschlands gezählt werden können. Er gehört in die besten Lagen, d. h. in die nach Süden und Südwesten geneigten Hänge. Sein Bukett ist vornehm und wird mit zunehmendem Alter noch ausdrucksvoller. Leider werden die Rieslinge oft zu jung getrunken, und so mancher Weinliebhaber weiß gar nicht, was in den älteren Weinen an Duft und Fülle steckt. Wenn der Silvaner heute an manchen Standorten durch andere Sorten verdrängt wird, wird dies dem Riesling auf den klassischen Standorten nicht zustoßen. Er wird auch in Zukunft der König der Weißweine bleiben.

Die SCHEUREBE ist eine bukettreiche Neuzüchtung und hat im Naheraum nach dem Zweiten Weltkrieg eine rasche Verbreitung gefunden. Sie verlangt klimatisch wenigstens eine mittlere bis gute Lage. An den Boden stellt sie keine hohen Ansprüche. Gegenüber dem Riesling erbringt sie in gleicher Lage mehr Oechslegrade. Im Naheraum haben sich bestimmte Standorte herausgebildet, wie zum Beispiel Wallhausen, wo sie bevorzugt angebaut wird. Ein hochfeines, verstärktes Bukett, etwas an schwarze Johannisbeeren erinnernd, und eine in manchen Jahren rassige Säure charakterisieren diese Sorte. Man findet die Scheurebe sowohl rein ausgebaut als auch als Verschnitt mit anderen Sorten. Als Auslese gewonnen, kann sie als eine Spezialität gelten.

Der KERNER, eine Trollinger-Riesling-Kreuzung, hat hier, wie auch im Bundesgebiet, von allen Neuzüchtungen die größte Flächenzunahme zu verzeichnen. Von 34 Hektar im Jahre 1973 dehnte er seine Fläche an der Nahe auf 154 Hektar im Jahre 1977 aus. Da er auf allen Böden gedeiht und in mittleren Lagen gute Ergebnisse liefert, hat er hier meist den Silvaner verdrängt. Er wird in die

Bad Kreuznach; die Lage
Kreuznacher Narrenkappe

Gruppe der rieslingähnlichen Weine eingestuft und erfreut sich zunehmender Beliebtheit. Kurz vor dem Silvaner reifend, paßt er gut in den herbstlichen Ablauf der Betriebe. Er sollte möglichst lange hängenbleiben, da die Blätter frostfest und die Trauben stilfest sind und auf diese Weise hohe Mostgewichte erreicht werden können. Als Wein probiert sich der Kerner frisch, rassig und rieslingähnlich. Das feine Bukett weist, je nach Standort unterschiedlich, einen leichten Muskatton auf wie auch der Riesling in reifen Jahren.

Der BACCHUS, die zweite Neuzüchtung mit über 100 Hektar im Anbau, paßt als Silvaner-Riesling-Müller-Thurgau-Kreuzung gut in das Nahe-Sortiment, zumal er als Wein eine vorteilhafte Ausprägung des Buketts zeigt. Sein Anspruch an Lage und Boden gleicht dem des Kerner. In mittleren Lagen angebaut, erbringt er Erträge, die über denen des Müller-Thurgau liegen. Seine Weine sind als blumig bis bukettreich mit einem an die Scheurebe erinnernden Ton zu charakterisieren. In der Säure ist er mäßig; im Gesamteindruck könnte er sogar als weich bezeichnet werden. Dies ist besonders dann der Fall, wenn die Lese, wie es für die Sorte als richtig erachtet wird, spät erfolgt. Freunde junger Weine tun gut daran, den Bacchus jung zu trinken, da er auf der Flasche schneller als andere Sorten eine Altersfirne zeigt.

Der RULÄNDER zählt zu den früh reifenden Sorten und hält im Naheraum mit 2,5 Prozent des Gesamtsortiments seinen Anteil ziemlich konstant. Als Wein präsentiert er sich wuchtig, füllig, meist mit einer reifen, milden Säure. Nur in den ihm nicht zusagenden Lagen, oder zu früh gelesen, erbringt er Weine mit grüner, unreifer Säure. Ruländerweine von der Nahe erscheinen gegenüber denen aus südlicheren Gebieten lebendiger, rassiger und altern auf der Flasche langsamer.

*Bad Kreuznach-Kauzenberg. Im Hintergrund
die Kauzenburg mit der Lage Kauzenberg
in den Mauern, davor die
Pauluskirche und die Brückenhäuser*

Die ÜBRIGEN SORTEN, die aus der Aufstellung ersichtlich sind, haben nur untergeordnete Bedeutung. Die nächsten Jahre werden zeigen, ob die eine oder andere Sorte sich durch verstärkten Anbau ausbreiten wird. Fachleute sind der Meinung, daß der Anbau neuer Sorten an der Nahe im Rahmen bleiben muß, damit sich der Gebietscharakter nicht zu sehr verwischt. Rote Traubensorten werden an der Nahe kaum angebaut, sei es, daß die Besitzer gemischter landwirtschaftlicher Betriebe die Mehrarbeit bei der Verarbeitung scheuen, sei es, daß andere Sorten bessere Qualitäten und höhere Preise garantieren. Dies mag besonders für den Riesling zutreffen.

Die Weinberg-Lagen

Das Weingesetz von 1971 und die Weinberg-Lagen an der Nahe

Klare Rechtsverhältnisse schuf hier zum erstenmal das neue deutsche Weingesetz in § 10:

Die Einzellagen

(2) Eine Lage ist eine bestimmte Rebfläche (Einzellage) oder die Zusammenfassung solcher Flächen (Großlage), aus deren Erträgen gleichwertige Weine gleichartiger Geschmacksrichtung hergestellt zu werden pflegen und die in einer Gemeinde oder in mehreren Gemeinden desselben bestimmten Anbaugebietes gelegen sind. Als Lagename darf nur ein Name eingetragen werden, der für eine zur Lage gehörende Rebfläche herkömmlich oder in das Flurkataster eingetragen ist oder der sich an einen solchen Namen anlehnt.

(3) Eine Lage darf in die Weinbergsrolle nur eingetragen werden, wenn sie insgesamt mindestens fünf Hektar groß ist (Ausnahmen in besonderen Fällen) . . .

(5) Die Landesregierungen der weinbaubetreibenden Länder regeln durch Rechtsverordnung, sofern nicht eine Regelung durch Landesgesetze getroffen wird:

1. die Einrichtung und Führung der Weinbergrolle;
2. das Nähere über Eintragungen und Löschungen einschließlich der Feststellung und Festsetzung der Lage- und Bereichsnamen;
3. die Antragsberechtigung sowie Inhalt und Form der Anträge;
4. die Eintragungen und Löschungen von Amts wegen;
5. die Zuständigkeit der Behörden.

Die Zuständigkeit der Landesregierung für diese Rechtsvorgänge war schon gegeben durch das (nicht in Kraft getretene) Weingesetz von 1969. So wurde vom Land

Die Lagen Kreuznacher Paradies
und Hirtenhain

Rheinland-Pfalz das Landesgesetz über die Festlegung von Lagen und Bereichen über die Weinbergsrolle (Weinlagengesetz) am 1. Juni 1970 erlassen. Es enthält im einzelnen folgende Vorschriften:

1. Zuständig für Abgrenzung und Namengebung ist der Minister für Landwirtschaft, Weinbau und Forsten (Umweltschutz) in Mainz: Er ordnet die Eintragung in die Weinbergsrolle an.

2. Anträge auf Eintragung, Änderung und Löschung von Lagen entscheidet der Minister für Landwirtschaft, Weinbau und Forsten (Umweltschutz) in Mainz nach Anhörung des Sachverständigenausschusses. Dieser wird von dem Minister für Landwirtschaft, Weinbau und Forsten (Umweltschutz) einberufen und ist wie folgt zusammengesetzt: je ein Vertreter der Bezirksregierungen und der Landwirtschaftskammer(n), je zwei Vertreter des Weinbauverbandes und des Weinhandelsverbandes eines jeden Weinbaugebietes, je ein Vertreter der Weinkommissionäre und der Zusammenschlüsse oder ihrer Vereinigungen eines jeden Weinbaugebietes und je ein Vertreter der kommunalen Spitzenverbände. Darüberhinaus kann der Minister weitere Sachverständige hören.

3. Antragsberechtigt ist die Gemeinde, innerhalb deren Gemarkung eine Rebfläche liegt, bei übergreifenden Lagen und Großlagen die ihnen gemeinsame Kommunalaufsichtsbehörde.

Die Eigentümer und Nutzungsberechtigten der Weinbauflächen können Vorschläge machen. Zur Beratung der Gemeinde werden örtliche Lagenausschüsse gebildet, von deren Vorschlägen die Gemeinde nur in wichtigen, schriftlich begründeten Fällen abweichen kann. Im örtlichen Lagenausschuß sind vertreten: der Bürgermeister, mindestens vier Winzer und ein Weinhändler, die von der Gemeindeverwaltung nach Anhörung der berufsständischen Vertretung bestimmt werden, und je ein Angehöriger der in der Gemeinde tätigen Zusammenschlüsse oder deren Vereinigungen. Im Zuge der an der Nahe früh und zügig durchgeführten Flurbereinigung hatte sich eine gewisse Bereinigung der Weinbergslagen bereits in Fluß gesetzt. Im Jahre 1969 wurden die Neuordnung der Weinbergslagen und deren voraussichtliche Übernahme in die noch zu schaffende Weinbergsrolle in den einzelnen Ortschaften diskutiert. Am 23. Juni 1970 wurde der erste umfassende Vorschlag des Bauern- und Winzerverbandes vorgelegt, der mit gewissen Abänderungen das heutige geographische Bezeichnungsrecht der Nahe beinhaltet. 324 Einzellagen wurden für das Anbaugebiet Nahe in die Weinbergsrolle übernommen.

Die Neuordnung des geographischen Bezeichnungsrechts, insbesondere der Einzellagen, war zur Aufrechterhaltung und Förderung des Qualitätsweinbaues notwendig. Ein Gutachten weist aus, daß etwa 80 Prozent des gesamten Naheweines unter Gattungslagen verkauft wurden. Zwar wurden im Zuge der Flurbereinigung die Einzellagen abgegrenzt; das alte deutsche Weingesetz bot aber häufig keinen ausreichenden rechtlichen Schutz derselben. Neben der Fixierung der Einzellagen in der Weinbergsrolle, mit deren Führung die Landwirtschaftskammer Rheinland-Pfalz beauftragt wurde, brachte das neue deutsche Weingesetz den rechtlichen Schutz der Einzellage und eine überschaubare Verschnittregelung.

Die Großlagen

Aufbauend auf den Einzellagen wurden sieben Großlagen gebildet. Der Vorgänger des Begriffes Großlage war die sogenannte Gattungslage. Diese war häufig eine durch Gewohnheitsrecht und Rechtsprechung geprägte geographische Bezeichnung, die 15 Kilometer im Umkreis ihrer Entstehung oder ihres Ausgangspunktes toleriert wurde. Der Rüdesheimer Rosengarten und der Kreuznacher Kronenberg sind solche Beispiele für Einzellagen, die zur Gattungslage wurden; wenig gern gesehen und häufig unter Protest der Einzellageneigentümer und Besitzer. Daß diese räumliche Ausdehnung weder den Winzer noch den Konsumenten zufriedenstellte, ist verständlich. Die durch das Weingesetz 1971 geschaffene Rechtslage trug durch Einführung der Großlage der Großvermarktung Rechnung, sorgte jedoch andererseits für eine feste Abgrenzung der Großlage.

Die Großlage hat in der Vermarktung, aber nicht nur für die Großvermarktung, Bedeutung. Häufig werden auch hohe Qualitätsstufen in so geringem Umfang aus Einzellagen gewonnen, daß die Zusammenfassung dieser kleinen Mengen dann bezeichnungsrechtlich unter einer Großlage erfolgen muß.

Die Bereiche

Der Bereich ist nach § 10 des Weingesetzes die Zusammenfassung von Lagen. Er ist also auch geographisch abgegrenzt, so daß Überschneidungen bzw. Doppelbezeichnungen ausgeschlossen sind. Der Bereich ist für die Bezeichnung von Tafelweinen zulässig, während Tafelwein nicht mit Lagennamen bezeichnet werden darf. Der Bereich hat weiterhin Bedeutung für den Verschnitt von Qualitätswein mit Prädikat. Dieser ist nur innerhalb des Bereiches zulässig. Das bestimmte Anbaugebiet Nahe hat zwei Bereiche.

*Wallhausen; Ortsansicht mit Kirche
und der Lage Johannisberg*

Entwicklungsgeschichte
der Lagennamen

Die Weinberg-Lagen- und -Flurnamen entstanden im lokalen Sprachgebrauch ganz allmählich. Seit dem Mittelalter fanden sie zunehmend Eingang in die Urkunden. So stammen die ersten schriftlichen Erwähnungen der Weinbergnamen der Nahe aus dieser Zeit. Seit dem 13./14. Jahrhundert findet man dann zur Bezeichnung der Weinbergsgrundstücke im Zusammenhang mit Veräußerungen, Erbgang, Tausch, Steuern und Hypotheken fast nur noch die Flurnamen, darunter schon manche in der noch heute gebräuchlichen Form.

Die Einführung des Katasters

Die amtliche Festlegung der Namen und Grenzen der Lagen erfolgte Anfang des vorigen Jahrhunderts. In Preußen wurde durch das königliche Edikt vom 27. Oktober 1810 die Anlage des Katasters in Gang gebracht. Nach dem Übergang der Rheinlande an Preußen gelangte in diesen Gebieten aufgrund der allerhöchsten Kabinetts-Ordre vom 26. Juli 1820 die schon unter Napoleon begonnene Katasteraufnahme beschleunigt zur Durchführung. Das Kataster liefert seit damals alle Angaben, die für den Grundstücksverkehr und für die Grundsteuererhebung notwendig sind. Es erbringt Nachweise über Lage, Grenzen, Flächengröße, Kulturart und Eigentumsverhältnisse der Liegenschaften.

Diese Katastererhebungen waren keine leichte Arbeit. Aus dem Durcheinander zahlloser, zum Teil ganz privater und willkürlicher Namen mußten diejenigen herausgefunden werden, die durch ältestes Herkommen und allgemeinen Gebrauch die größte Berechtigung hatten. Weiterhin mußten die genauen Grenzen für jeden Namen in dem durch die Landesvermessung damals hergestellten Katasterplan festgelegt werden. Gemeindebehörden und staatliche Geometer entledigten sich dieser Aufgabe so gewissenhaft, daß kaum irgendwo von seiten eines Interessenten Widerspruch gegen die Festlegungen erfolgte und diese somit unverändert Rechtskraft erlangten. Der ganzen Arbeit kam zustatten, daß in jener Zeit ein besonderes Lagen-Renommee noch nicht entwickelt war, weil man damals die Weine nur selten mit den Lagennamen benannte. Die Arbeit wurde also nicht von Sonderinteressen beeinflußt, sondern nach bestem Wissen lediglich in dem Bestreben geleistet, der Überlieferung gerecht zu werden.

Die Sprachdeutung der Flurnamen

Viele kulturgeschichtliche Erinnerungen sind in den Lagennamen gespeichert. Der Mensch dachte ungern abstrakt. Er war bestrebt, die ihn umgebende Welt in eine anschauliche, persönliche Beziehung zu sich zu setzen. Die alten Maße nahm er von seinem Körper (Elle, Fuß oder Schuh), und die ihn umgebende Flur numerierte er nicht, wie es heute im Grundbuch geschieht, sondern er gab ihr Namen aus seiner unmittelbaren Vorstellungs- und Erlebniswelt. Deshalb wirken alte Lagennamen so lebendig, manchmal scheinen sie auch eine Art Zauber auszustrahlen. Oft ist die ursprüngliche Bezeichnung nicht mehr zu erkennen, stattdessen wurde im Laufe der Zeit ein neuer, verständlicher Ausdruck geschaffen, der den alten Wortsinn nicht mehr wiedergibt. Zum Beispiel waren zum Zeitpunkt der Namensgebung Bezugspunkte vorhanden, die später nicht mehr bestanden, oder Worte fremden Ursprungs wurden in die heimische Sprache aufgenommen und angepaßt, oder es wurden Worte mundartlich umgeformt. Als dann die Landvermesser für das Kataster aufzeichneten, was sie zu hören glaubten, wurde mancher Name noch zusätzlich entstellt.

71

Der Natur entnommene Namen

Vor allem wurde die Natur selbst mit allen Gegebenheiten, die sich als Unterscheidungs- und Orientierungsmerkmale anboten, für die Benennung von Lagen herangezogen. So verdanken ihren Namen der *Geländegestaltung, Form und Lage im Gelände:* Felseneck, In den Felsen, Felsenköpfchen, Königsfels, Steinkopf oder Steinköpfchen, Hörnchen, Hausgiebel, Krone. Von den 321 Einzellagen der Nahe haben 130 das Wort Berg in ihrem Namen wie Römerberg, Ruppertsberg, Pittersberg, Otterberg, Lieseberg, Felsenberg und viele andere. Hölle, Höll, Höllenberg, Hahnhölle, Muckerhölle, Vor der Hölle, Gutenhölle, Inkelhöll, Langenhölle, Würzhölle beziehen sich in den meisten Fällen nicht auf des Teufels Hölle, sondern gehen auf das althochdeutsche Wort halda, helda zurück, den steilen Hang oder die Halde bezeichnend.

Zum Thema *Bodenbeschaffenheit und Farbe des Bodens* gibt es Wortkombinationen wie Steinberg, Steinwingert, Fels, Felsenberg, Weißenstein, Rotenfels, Rothenberg, Rotfeld, wobei letzteres auch auf die Rodung zurückgehen kann. Die mittelhochdeutsche Bezeichnung für Felsen = Lei tritt in den Lagennamen an der Nahe kaum auf.

Begrenzungen, Wege, Wasserläufe und Brunnen haben Pate gestanden bei den Lagennamen Rosenheck, Kirschheck, Pfaffenpfad, Hellenpfad, Steinweg, Breitenweg, Rossel, Steinrossel, Feuersteinrossel, Brünnchen, Mollenbrunnen, Becherbrunnen, Drachenbrunnen, Hildegardisbrunnen.

Deutlich drückt sich die enge *Beziehung zur Pflanzenwelt* in der Vielzahl diesbezüglicher Lagennamen aus wie in Rosengarten, Rosenberg, Rosenteich, Birkenberg, Preiselberg, Kirschheck. Dem *Tierreich* entnommene Namen sind Vogelsang, Vogelschlag, Falkenberg, Hengstberg, Katzenhölle, Katergrube, Hasensprung, Geisberg, Geißenkopf und Krötenpfuhl.

Gutenberg mit der Ruine Burg Gutenburg
und der Lage Schloßberg

Kulturnamen

Den der Natur entnommenen und die Natur beschreiben-
den Namen stehen nun solche gegenüber, die die Kultur
des Menschen betreffen. Auf *gewerbliche Anlagen oder
Anbauart des Grundstückes* weisen Namen wie Klostergarten, Nonnengarten, Schloßgarten, Stollenberg, Schäfers-
berg, Mühlenberg, Mühlberg, Hirtenhain, Köhlerköpfchen,
Pfingstweide, Silberberg, Kupfergrube, Goldgrube hin.
Besitzrechte oder *historische Bezüge* drücken Namen aus
wie Herrschaftsgarten, Herrenberg, Herrenzehntel, Hofgut, Adelsberg, Grafenberg, Burgberg, Schloßberg, Schloßgarten, Römerberg, Römerhalde, Römerpfad, Römerstich,
Alte Römerstraße, Kloster Disibodenberg. Die *Kirche* war
bis zur Säkularisierung der größte Grundbesitzer und die
bedeutendste Wirtschaftsmacht auch an der Nahe. Der
Qualitätsweinbau lag überwiegend in der Hand der Klöster und kirchlichen Institutionen, wie die Lagen Kirchberg, Pastorei, Pastorenberg, Pfaffenberg, Pfaffenstein,
Mönchsberg, Nonnengarten, Klostergarten und Domberg
es ausdrücken. Die *allgemeine christliche Vorstellungswelt*
des Mittelalters belegen Flurnamen wie Heiligenberg,
Apostelberg, Johannisberg, St. Martin, St. Remigiusberg,
St. Antoniusberg, Laurentiusberg, Kapellenberg und
Pfingstweide.
An den alten Flur- und Lagennamen läßt sich ablesen, daß
die *Mystik* nicht nur im religiösen Bereich Spuren hinterließ, sondern auch ins Weltliche übergriff. Zunächst be-
günstigte sie hintergründig-symbolische Formulierungen,
wie die Wortkombinationen mit Gold und Silber zeigen,
deren Farbe, Glanz und Kostbarkeit in Beziehung zum
Wein gesetzt wurden wie in den Flurnamen Goldloch,
Goldgrube, Silberberg. *Aberglauben* deuten Lagennamen
wie Trollberg, Teufelsküche, Höllenpfad, Höllenbrand,
Paradies, Himmelgarten an. Die Sonne wird häufig und
gern zur Namensgebung herangezogen, gleichsam in einer
beschwörenden Art, denn sie ist gerade für den Winzer an

der nördlichen Weinbaugrenze besonders wichtig: Sonne-
berg, Sonnenweg, Sonnenmorgen, Sonnenplätzchen.

Natürlich bedeutet diese Gliederung keine saubere Tren-
nung; es gibt vielfach Überschneidungen und oft mehrere
Deutungsmöglichkeiten. In vielen Fällen wird erst ein
weiteres Suchen nach früheren urkundlichen Belegen wei-
terhelfen. Dies zu tun und Ergebnisse wie Hinweise den
Herausgebern mitzuteilen, ist unsere herzliche Bitte.

Der Wert des Lagennamens

Das Gesetz schreibt vor, daß der Name der Einzellage zusammen mit dem des Ortes, in dessen Gemarkung der
Weinberg liegt, genannt wird. Ausgenommen von dieser
Verordnung sind nur vier Lagen im Rheingau und eine
an der Mosel. Da die Gemarkungsnamen einen erheb-
lichen Wert- und Vertrauensbestandteil im Weingeschäft
darstellen, ist der seitherige Gemarkungs-(=Gemeinde-)
Name bei den Gemeindezusammenschlüssen beibehalten
worden. Nach dem Weingesetz sind die Namen von Gemeinden und Ortsteilen gleichberechtigt als Bezeichnung
der Weine anwendbar, entweder allein oder in Verbindung mit einem Lagennamen.

Abschließend noch ein Wort zur Wertschätzung (qualitativen Bewertung) der einzelnen Lagen. Bereits Mitte des
vorigen Jahrhunderts wurden die Weinberg-Lagen hauptsächlich aus fiskalischen Gründen einer ersten amtlichen
Bonitierung unterzogen. Heute sind Bodenwertzahl und
Einheitswerthektarsatz jeder Einzellage genau ermittelt
und beim Katasteramt bzw. Finanzamt registriert. Güteklasse und Qualitätsbenennung der Weine wurden aber
nicht von dieser Klassifizierung abhängig gemacht, da der
Gesetzgeber sich sagte, daß neben der Boden-Bonität zu
viele andere Kriterien die Qualität des Endproduktes be-
einflussen. Anders in Frankreich, dem einzigen Land
außer Deutschland mit einem traditionsgewachsenen La-

genrecht. Ab 1855 gültig, mutet es heute wie ein Relikt aus der feudalistischen Zeit an. Es räumt bestimmten Weingutsbesitzern allein vom Boden her erhebliche Marktprivilegien ein. Mittels eines wissenschaftlich anzweifelbaren Ausleseverfahrens werden Weine aus bestimmten Lagen mit der Qualitätsbezeichnung »Appellation d'Origine Contrôlée« und verschiedenen »Cru«-Klassen bedacht – ohne sensorische Qualitätskontrolle des Endproduktes.

In Deutschland gibt es selbstverständlich vom Boden und von der Position her auch bessere und schlechtere Weinberg-Lagen. Jahrgangsklima, Rebsorten, Weinbergspflege, kellertechnische Sorgfalt, Ausbaugrad des Weines und anderes mehr bestimmen jedoch die Qualität des Endproduktes mit. Daher wird in der Bundesrepublik Deutschland die Güteklasse jeder einzelnen Füllung erst am verkaufsfertigen Endprodukt Wein durch eine amtliche, neutrale Stelle nach sorgfältiger Prüfung bestätigt und beglaubigt. Natürlich teilt jede Weinberg-Lage dem auf ihr gewachsenen Wein ihre charakteristische Geschmacksart mit. Dies sind aber weniger Qualitäts- als vielmehr Geschmacksunterschiede. Jeder Winzer, dessen Weinberge sach- und fachkundig angelegt und gepflegt sind und dessen Keller gewissenhaft geführt wird, hat in guten Jahren die Chance, daß seine Weine die höchstmöglichen Qualitätsklassen erreichen.

Dalberg mit der Dalburg und den
Lagen Schloßberg und Ritterhölle

Beschreibung der Einzellagen

Zeichenerklärung zu den Beschreibungen
der Einzellagen

☐   Größe der Lage in Hektar (ha) *

Ｎ   Haupthimmelsrichtung

/   Haupthangneigung der Lage in Prozent

🍇   Hauptrebsorte in Prozent

⚴   Bodenart

🍷   Art des Weines

GL.   Großlage

* Die hier angegebene Größe bezieht sich auf die „ge-
nehmigte Rebfläche" (Katasterfläche). Sie ist meist größer als die weinbaulich genutzte Fläche, da sie neben
der reinen Rebfläche auch eingestreute Äcker, Gärten,
Wege und Häuser enthält.

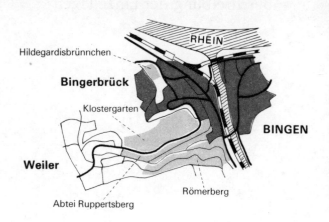

Hildegardisbrünnchen

Bingerbrück

Klostergarten

Weiler

Abtei Ruppertsberg

RHEIN

BINGEN

Römerberg

Bingerbrücker Hildegardisbrünnchen: Name in Erinnerung an das heute noch vorhandene Hildegardisbrünnchen des ehemaligen Klosters Rupertsberg. Der Sage
nach soll die hl. Hildegard über die Tatsache geweint
haben, daß man trotz Grabens am Kloster kein Wasser
fand und nun solches mühsam aus der Nahe schöpfen
mußte. Die Tränen der hl. Hildegard seien dort, wo sie
zur Erde fielen, zur sprudelnden Quelle geworden.

☐   6,0 ha
Ⓝ   Südosten
/   hängig
🍇   80 Prozent Riesling, 20 Prozent Silvaner und Müller-
     Thurgau
⚱   Steinig-grusiger Lehm über Quarzit und Quarzit-
     Schutt, teilweise auch Schiefer.
♈   Gut ausgeprägte Sortenbukette bei angenehm be-
     tonter Säure.
GL. Schloßkapelle

Bingerbrücker und Weilerer Klostergarten: Name jetzt für größere Fläche. Wegen der Nachbarschaft der ehemaligen Klosteranlage Rupertsberg wurde der Name gewählt.

☐   33,0 ha

Ⓝ   Südwesten – Süden – Südosten

∕   20 Prozent steil, 80 Prozent hängig

♈   40 Prozent Riesling, 60 Prozent Silvaner, Müller-Thurgau und andere Sorten

⬇   Steinig-grusiger Lehm und Hanglehm über Quarzit.

♇   Fein ausgeprägte Rieslinge, feinduftige Silvaner, sowie blumige, würzige Müller-Thurgau.

GL.   Schloßkapelle

Bingerbrücker und Weilerer Abtei Rupertsberg: Name in Anlehnung an die ehemalige Abtei St. Rupertsberg, jetzt für größere Fläche gewählt.

☐   21,0 ha

Ⓝ   Süden – Südosten

∕   hängig

♈   80 Prozent Riesling, 20 Prozent Silvaner und andere Sorten

⬇   Steinig-grusiger Lehm und Hanglehm über Quarzit und Quarzitschotter.

♇   Rassige Rieslinge mit feinem, ausgeprägtem Aroma sowie frische, kräftige Silvaner.

GL.   Schloßkapelle

Bingerbrücker Römerberg: Name in Anlehnung an die Schlacht der Römer und Treverer, die 71 n. Chr. in der Nähe stattfand (Tacitus Hist. IV, 70).

☐   22,0 ha

Ⓝ   Südosten – Süden

∕   30 Prozent hängig, 70 Prozent flach

♈   70 Prozent Silvaner, 30 Prozent Müller-Thurgau und andere Sorten

⬇   Schwach lehmiger Kies und grusiger Lehm.

♇   Kernige Silvaner und typische Müller-Thurgau.

GL.   Schloßkapelle

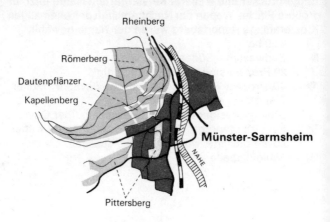

Rheinberg

Römerberg

Dautenpflänzer

Kapellenberg

Münster-Sarmsheim

NAHE

Pittersberg

Münsterer Römerberg: Name in Anlehnung an die Schlacht der Römer mit den Treverern 71 n. Chr.
- ☐ 38,0 ha
- Ⅱ Südosten – Süden
- / 20 Prozent steil, 50 Prozent hängig, 30 Prozent flach
- 🍇 60 Prozent Riesling, 20 Prozent Müller-Thurgau, 20 Prozent Silvaner
- 🍶 Staublehm und steiniger Lehm über Quarzitschutt und Quarzit.
- ⚲ Feinduftige, rassige Rieslinge, typische Müller-Thurgau und kernige Silvaner.
- GL. Schloßkapelle

Münsterer Rheinberg (alte Flurbezeichnung): Blick vom Berg auf Rhein und Nahe.
- ☐ 15.0 ha
- Ⅱ Südosten
- / 60 Prozent steil, 40 Prozent hängig
- 🍇 60 Prozent Silvaner, 40 Prozent Riesling und Müller-Thurgau
- 🍶 Quarzitverwitterung, steinig-grusiger Lehm, auch zum Teil Staublehm über Quarzit (Ranker und Braunerden).
- ⚲ Stoffige, fruchtige Weine mit ausgeprägter Sortenart.
- GL. Schloßkapelle

82

Münsterer Kapellenberg: Alte Flurbezeichnung, wahrscheinlich nach einer Kapelle oder einem Bildstock. 1537 »Im Kawellbergh«. Sie besteht aus den Fluren »Im Kapellberg« und »Am Kapellberg«.

☐ 38,0 ha

N Südosten – Süden

/ 50 Prozent steil, 50 Prozent hängig

🍇 50 Prozent Riesling, 50 Prozent Silvaner, Müller-Thurgau und andere Sorten

⚒ Gesteins-Verwitterungsboden.

🍷 Stahlige, fruchtige Rieslinge mit guter Lagerfähigkeit, auch die Silvanerweine zeigen eine feinduftige, volle, saftige Art.

GL. Schloßkapelle

Münsterer Dautenpflänzer: 1560 »Im Daudenplotz«, 1563 »Im Daudenblenzer«; altfränk. planza, lat. planta = (Reb-) Setzling; hier für Pflanzstück, neue Rebanlage gebraucht. Jetzt vergrößerte Lage aus acht weiteren Gewannen.

☐ 6,0 ha

N Süden

/ 100 Prozent hängig

🍇 80 Prozent Riesling, 20 Prozent Silvaner und andere Sorten

⚒ Schwach bis stark steiniger Lehm.

🍷 Aus dieser Lage kommen Spitzenweine von ausgeprägtem Bukett.

GL. Schloßkapelle

Münsterer Pittersberg: 1560 »Uf dem Fidersberg«. Aus den Gewannen »Am Pittersberg« und »Im Pittersberg« gebildet.

☐ 12,0 ha

N Südwesten – Süden

/ 100 Prozent hängig

🍇 80 Prozent Riesling, 20 Prozent Silvaner und Müller-Thurgau

⚒ Ranker und basenarme Braunerden, zum Teil Staublehm über Schiefer.

🍷 Fruchtige Rieslinge mit feiner Rasse und herzhafte, saftige Silvaner.

GL. Schloßkapelle

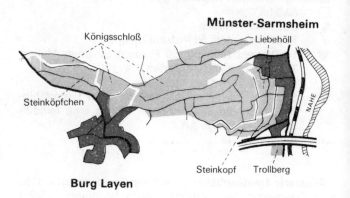

Münster-Sarmsheim

Königsschloß

Liebehöll

Steinköpfchen

NAHE

Steinkopf   Trollberg

Burg Layen

Münsterer Königsschloß: 1560 »Im Konigschloß«; Konig, König = hochgelegenes Grundstück; Schloß = Bergvorsprung. Stimmt mit Morphologie überein. Das Schloß eines Königs kann nicht nachgewiesen werden.

☐   100,0 ha
ℕ   Süden – Südosten
/   50 Prozent hängig, 50 Prozent flach
🍇   60 Prozent Silvaner, 40 Prozent Müller-Thurgau und Neuzucht (Freisamer)
⚒   Lehm und Kies als Verwitterungsprodukt der Waderner Schichten.
🍷   Fruchtige, würzige, harmonische Weine.
GL.   Schloßkapelle

Münsterer Liebehöll: 1560 »Inn der Libehellen«. Früher in der unteren und oberen Liebehell (Hell=Halde), Lage wurde unter Einbeziehung anderer Gewanne vergrößert.

☐   12,0 ha
ℕ   Südwesten – Süden
/   30 Prozent steil, 70 Prozent hängig
🍇   60 Prozent Silvaner, 40 Prozent Müller Thurgau und Riesling

⌄ Lehm über Löß, Quarzit und eingeschalteten Schie-
ferlagen.
⚱ Feinfruchtige, harmonische Weine mit angenehmer,
teilweise auch kräftiger Säure.
GL. Schloßkapelle

Münsterer Steinkopf: Steinige Anhöhe. Unter anderen
Gewannenbezeichnungen, die in diese Lage einbezogen
wurden, war auch »Der Steinpfad«.
☐ 12,0 ha
Ⅳ Südwesten – Süden
/ 70 Prozent steil, 30 Prozent hängig
🍇 50 Prozent Riesling, 50 Prozent Silvaner und
andere Sorten
⌄ Kiessandboden der Waderner Schichten, zum Teil
dunkelrote, tonige, sandige Lehme.
⚱ Im Sortentypus gut ausgeprägte Weine mit angenehm betonter Säure.
GL. Schloßkapelle

Münsterer Trollberg: Nach dem Bachlauf benannt (1258
»Im Trollmbach«).
☐ 3,0 ha
Ⅳ Südosten – Süden
/ 10 Prozent steil, 90 Prozent hängig
🍇 60 Prozent Silvaner, 40 Prozent Riesling, Müller-
Thurgau und andere Sorten
⌄ Lehm: Lößlehm über Löß und Staublehm über
Quarzit.
⚱ Saftige Weine mit fein ausgeprägter Frucht.
GL. Schloßkapelle

Rümmelsheimer (Burg Layer) Steinköpfchen: Steinige
Anhöhe. Alte Bezeichnung: »Köpfchen«.
☐ 15,7 ha
Ⅳ Süden
/ 70 Prozent steil, 30 Prozent hängig
🍇 50 Prozent Riesling, 30 Prozent Silvaner, 10 Prozent
Müller-Thurgau, 10 Prozent andere Sorten
⌄ Steiniger, grusiger Lehmkies über Quarzitschutt
und Quarzit.
⚱ Feinduftige, rassige Weine. Hervorragende Spitzen-
weine.
GL. Schloßkapelle

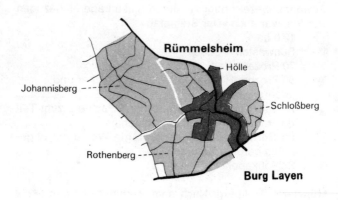

Rümmelsheim

Hölle

Johannisberg

Schloßberg

Rothenberg

Burg Layen

Rümmelsheimer (Burg Layer) Schloßberg: Vermutlich nach der Burg der Herren von Leyen benannt, alte Lagebezeichnung.

☐ 20,88 ha

Ⓝ Süden

/ 30 Prozent steil, 50 Prozent hängig, 20 Prozent flach

🍇 55 Prozent Silvaner, 40 Prozent Riesling, 5 Prozent Müller-Thurgau und andere Sorten

🍶 Toniger Lehm.

🍷 Spitzenweinlage. Fruchtige, volle Weine mit Rasse und Finesse.

GL. Schloßkapelle

Rümmelsheimer (Burg Layer) Hölle: Hölle = Halde; unter anderen die früheren Lagebezeichnungen »Auf der Höll«, »An der Höll«, »Hinter der Höll«.

- ☐ 27,8 ha
- Ñ Süden
- / 20 Prozent steil, 70 Prozent hängig, 10 Prozent flach
- 🍇 50 Prozent Silvaner, 30 Prozent Müller-Thurgau, 20 Prozent Riesling
- ⌄ Schiefrig-toniger Lehm – Ton.
- ⌃ Spitzenweinlage, stofflich volle, fruchtige Weine von rassiger Art.
- GL. Schloßkapelle

Rümmelsheimer (Burg Layer) Rothenberg: Name seit dem 18. Jahrhundert. Er kann von der Bezeichnung gerodeter Berg entstanden sein, als die Weinberge aus der Ebene in die Hanglagen verlegt wurden. Eine andere Deutung weist auf die Bodenfarbe hin.

- ☐ 68,9 ha
- Ñ Süden
- / 40 Prozent hängig, 60 Prozent flach
- 🍇 70 Prozent Müller-Thurgau, 30 Prozent Riesling, Silvaner und andere Sorten
- ⌄ Toniger Lehm – Lehm.
- ⌃ Körperreiche Weine mit fruchtiger Sorten-Ausprägung.
- GL. Schloßkapelle

Rümmelsheimer (Burg Layer) Johannisberg: Frühere Bezeichnung »Im Johannisbaum« und »Im oberen Johannisbaum«. Vermutlich ist ein Johannisbrotbaum, auch Bockshorn (Ceratonia siliqua) gemeint.

- ☐ 66,8 ha
- Ñ Süden
- / 70 Prozent steil, 30 Prozent hängig
- 🍇 50 Prozent Silvaner, 40 Prozent Müller-Thurgau, 10 Prozent Riesling
- ⌄ Toniger Lehm, schiefriger Lehm.
- ⌃ Die Silvanerweine dieser Lage weisen eine besonders sortentypische Ausprägung auf.
- GL. Schloßkapelle

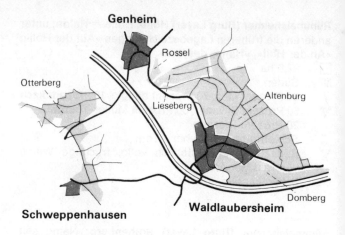

Waldlaubersheimer Domberg:

- ☐   21,4 ha
- Ⓝ   Südwesten – Süden – Südosten
- /   50 Prozent steil, 30 Prozent hängig, 20 Prozent flach
- 🍇   90 Prozent Silvaner, 10 Prozent Müller-Thurgau
- ⚇   Schiefriger Lehm – Ton.
- ⚱   Feinduftige, frische Silvaner und blumige, duftige Müller-Thurgau mit angenehmer Säure.
- GL.   Schloßkapelle

Waldlaubersheimer Altenburg: Ein noch vorhandener Steinwall weist auf eine keltische Fliehburg hin. Die Lage wurde früher katastermäßig als Alteburg geführt. Laut Erlaß des Ministers für Landwirtschaft, Weinbau und Umweltschutz vom 12. 4. 1979 wurde sie mit den Lagen Bingerweg und Hörnchen zusammengelegt und als Altenburg bezeichnet.

- ☐   75 ha
- Ⓝ   Südwesten – Süden – Südosten
- /   35 Prozent steil, 65 Prozent hängig
- 🍇   30 Prozent Silvaner, 25 Prozent Riesling, 45 Prozent Müller-Thurgau, Scheurebe, Weißburgunder und verschiedene Neuzüchtungen.
- ⚇   Schiefer – Lehm – Ton, sowie steinig-grusiger Lehm über Quarzit.

88

♀ Saftige, herzhafte Silvaner, feinfruchtige Rieslinge mit rassiger Säure und feinblumige, frische Müller-Thurgau sowie sortentypische Neuzüchtungen.
GL. Schloßkapelle

Waldlaubersheimer Lieseberg: Dialektform von Linsenberg, wie es auch im Kataster steht; also Ort, wo Linsen angebaut werden. Kann aber auch von Lies, Liß = wasserundurchlässiger Boden (Lette) kommen.

☐ 13,0 ha
Ṉ Südwesten – Süden
/ 80 Prozent steil, 10 Prozent hängig, 10 Prozent flach
🍇 60 Prozent Silvaner, 20 Prozent Müller-Thurgau und 20 Prozent Neuzüchtungen
⚱ 1/3 Kies, 2/3 lehmiger Ton.
♀ Saftige und feinduftige Weine.
GL. Schloßkapelle

Waldlaubersheimer Otterberg: Das Zisterzienserkloster Otterberg (Pfalz) besaß seit 1279 im benachbarten Genheim einen Hof.

☐ 20,0 ha
Ṉ Südwesten – Süden – Südosten
/ 10 Prozent steil, 80 Prozent hängig, 10 Prozent flach
🍇 70 Prozent Silvaner, 30 Prozent Müller-Thurgau und andere Sorten
⚱ Lehm-Ton und steinig-grusiger Lehm, zum Teil mit tonigen Bestandteilen. In der Lage wechselt der Boden entsprechend dem Ausgangsmaterial Quarzit und Tonschiefer.
♀ Körperreiche Silvaner mit leicht betonter Säure und vollblumige Müller-Thurgau.
GL. Schloßkapelle

Genheimer Rossel: Gehängeschutt des Taunusquarzites oder eine Wasserrinne ist damit gemeint.

☐ 10,0 ha
Ṉ Südwesten – Süden
/ 100 Prozent steil
🍇 60 Prozent Silvaner, 40 Prozent Müller-Thurgau
⚱ Steiniger, kiesiger Lehm.
♀ Blumige, duftige Weine.
GL. Schloßkapelle

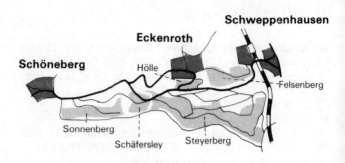

Eckenrother Felsenberg: Nimmt Bezug auf Gelände- und Bodenform.

☐ 7,25 ha
ℕ Süden – Südosten
/ 60 Prozent steil, 10 Prozent hängig, 30 Prozent flach
🍇 59 Prozent Silvaner, 41 Prozent Müller-Thurgau
    und Riesling
🍴 Schwach steiniger, lehmig-toniger Boden über Ton-
    schiefer.
🍷 Feinduftige Silvaner mit betonter Säure, Müller-
    Thurgau und Riesling mit schönem Sortenbukett.
GL. Schloßkapelle

Eckenrother Hölle: Die frühere Lage hieß »In der Höll«.
Name vielleicht auch wegen der guten Wärmeeinstrah-
lung aus Halde in Höll umgewandelt.

☐ 3,4 ha
ℕ Süden
/ 50 Prozent steil, 10 Prozent hängig, 40 Prozent flach
🍇 51 Prozent Müller-Thurgau, 49 Prozent Silvaner
    und Riesling

⌄   Teils als Ranker = steiniger Lehm, teils tonige, schiefrige Lehme.

⟡   Herzhafte Müller-Thurgau; Silvaner und Riesling mit markanter Säure.

GL.   Schloßkapelle

Schweppenhäuser Steyerberg: Steyer = steil, steiler Hang. Die Lage umfaßt den früheren Bereich des 1504 untergegangenen Ortes Steyer. Unter den einbezogenen Fluren waren auch die Benennungen »In Steyermark«, »Im Steyergrund«, »Steyerkirch« und »Steyerberg«.

☐   38,0 ha

N̄   Südwesten – Süden – Südosten

/   60 Prozent steil, 20 Prozent hängig, 20 Prozent flach

❀   70 Prozent Silvaner, 30 Prozent Müller-Thurgau, Riesling und andere Sorten

⌄   Steiniger Lehm auf Tonschiefer.

⟡   Fruchtige, sortentypische Weine.

GL.   Schloßkapelle

Schöneberger Schäfersley: Name deutet darauf hin, daß vor Anlage von Weinbergen das Gelände als Weide genutzt wurde; Ley = Felsen.

☐   12,0 ha

N̄   Süden

/   90 Prozent steil, 10 Prozent hängig

❀   50 Prozent Riesling, 50 Prozent Müller-Thurgau

⌄   Steinig-grusiger Lehm über Quarzit.

⟡   Rieslinge mit kräftiger Säure und kernige Müller-Thurgau.

GL.   Pfarrgarten

Schöneberger Sonnenberg: Name und Lage neu gebildet.

☐   18,0 ha

N̄   Süden

/   90 Prozent steil, 10 Prozent hängig

❀   45 Prozent Müller-Thurgau, 45 Prozent Silvaner, 10 Prozent andere Sorten (Riesling)

⌄   Schieferverwitterung = lehmig-toniger Boden, zum Teil mit schiefrigen Anteilen.

⟡   Dezente bis blumige Weine mit teilweise kräftiger Säure.

GL.   Pfarrgarten

Schwerppenhausen

Schloßgarten

Saukopf

Sonnenmorgen

Hölle

Rosenberg

Windesheim

Schweppenhäuser Schloßgarten: Bezieht sich wahrscheinlich auf frühere Besitzverhältnisse. Unter den 85 Flurnamen fand sich keine Beziehung zum jetzigen.

☐   33,0 ha

    Südwesten – Süden

/   10 Prozent steil, 80 Prozent hängig, 10 Prozent flach

🍇   70 Prozent Silvaner, 30 Prozent Müller-Thurgau, Traminer und andere Sorten

⚒   Steiniger Lehm auf Tonschiefer, Phyllit.

🍷   Feinduftige Silvaner mit herzhafter Säure.

GL.   Schloßkapelle

Windesheimer Saukopf: Der Name ist eine alte Geländebezeichnung. Deutet auf Schweineweide oder Geländeform vor Anlage der Weinberge hin.

☐   40,0 ha

    Südwesten – Süden – Südosten

/ 100 Prozent hängig
🍇 70 Prozent Silvaner, 30 Prozent Riesling, Müller-
Thurgau und andere Sorten
⚱ Sehr sandiger Lehm – Lehm.
🍷 Saftige Silvaner, fruchtige Rieslinge und Müller-
Thurgau.
GL. Schloßkapelle

Windesheimer Sonnenmorgen: Nach der Himmelsrichtung benannt.
☐ 22,0 ha
N Süden – Südosten
/ 80 Prozent steil, 20 Prozent hängig
🍇 70 Prozent Müller-Thurgau, 30 Prozent Silvaner
⚱ Sandiger Lehm – Gehängelehm und Lößlehm-
schleier über buntem Sandstein.
🍷 Milde, würzige Müller-Thurgau und feinfruchtige
Silvaner.
GL. Schloßkapelle

Windesheimer Hölle: Hölle = Halde. Name jetzt für größere Fläche, wo u. a. auch die Lagebezeichnung »In der Höllen« war.
☐ 10,0 ha
N Südwesten – Süden
/ 90 Prozent steil, 10 Prozent hängig
🍇 60 Prozent Silvaner, 40 Prozent Riesling und
Müller-Thurgau
⚱ Lehmiger, grusiger Boden über Lößlehm oder
Quarzit; Boden wechselt innerhalb der Lage.
🍷 Kräftige Silvaner und rassige Rieslinge.
GL. Schloßkapelle

Windesheimer Rosenberg: Alle Weinberge der Gemeinde Windesheim westlich des Guldenbaches. Name etymologisch nicht deutbar.
☐ 30,0 ha
N Südwesten – Süden – Südosten
/ 15 Prozent steil, 85 Prozent hängig
🍇 50 Prozent Müller-Thurgau, 50 Prozent Silvaner,
Riesling und andere Sorten
⚱ Lehmiger Sand – sandiger Lehm über Löß.
🍷 Feinfruchtige Weine mit kerniger Säure.
GL. Schloßkapelle

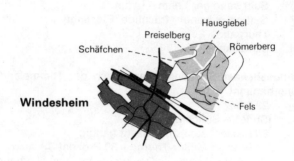

Preiselberg
Hausgiebel
Schäfchen
Römerberg
Windesheim
Fels

Windesheimer Preiselberg: Name etymologisch nicht deutbar.

☐ 10,0 ha
N Südwesten – Süden
/ 100 Prozent steil
🍇 95 Prozent Riesling, 5 Prozent andere Sorten
🍶 Lehmiger Sand und sandiger Lehm über Sandstein und Schieferton.
🍷 Weine im Sortentypus gut ausgebildet.
GL. Schloßkapelle

Windesheimer Hausgiebel: 1705 »Hausgebel«. Giebel = Ende eines Geländestückes, einer Bergnase oder Bergspitze.

☐ 10,0 ha
N Süden
/ 100 Prozent steil
🍇 50 Prozent Riesling, 50 Prozent Silvaner, Müller-Thurgau
🍶 Sandiger Lehm – Lehm.
🍷 Fruchtige Rieslinge von feiner Art und herzhafte, saftige Silvaner neben blumigen, würzigen Müller-Thurgau.
GL. Schloßkapelle

94

Windesheimer Schäfchen: Der Name deutet, wie viele Flurnamen, die Nutzung vor Anlage von Weinbergen an, hier die Schafweide.

☐ 4,5 ha
ᴎ Südwesten – Süden
/ 100 Prozent steil
🍇 70 Prozent Riesling, 30 Prozent Silvaner und andere Sorten
↓ Sandiger Lehm.
🍷 Fruchtige, frische, rassige Rieslinge und feinduftige Silvaner mit anregender Säure.
GL. Schloßkapelle

Windesheimer Römerberg: Name in Anlehnung an die Funde aus römischer Zeit in der Gemeinde Windesheim, jetzt größere Fläche. Die alte Lagebezeichnung lautete: »Auf dem Römerberg«.

☐ 20,0 ha
ᴎ Südwesten – Süden
/ 100 Prozent hängig
🍇 60 Prozent Silvaner, 40 Prozent Riesling, Scheurebe, Ruländer und Weißburgunder
↓ Lehmiger Sand – sandiger Lehm.
🍷 Die feinduftigen, in der Sortenart gut ausgebildeten Weine besitzen eine abgerundete Säure.
GL. Schloßkapelle

Windesheimer Fels: Name nimmt Bezug auf das anstehende Gestein der Waderner Schichten. Unter den jetzt einbezogenen Lagen war auch die Lage »In der Fels«.

☐ 20,0 ha
ᴎ Südwesten
/ 90 Prozent steil, 10 Prozent hängig
🍇 60 Prozent Riesling, 40 Prozent Silvaner und andere Sorten
↓ Sandiger Lehm, lehmiger Sand über Sandsteinen und Konglomeraten der Waderner Schichten
🍷 Feinduftige, fruchtige Rieslinge mit rassiger Säure.
GL. Schloßkapelle

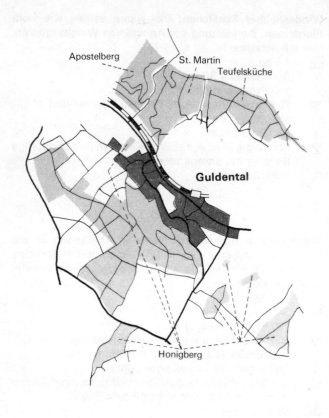

Apostelberg

St. Martin

Teufelsküche

Guldental

Honigberg

Guldentaler Apostelberg: Name etymologisch nicht deutbar.

☐ 28,0 ha

Ⓝ Südwesten – Süden

/ 10 Prozent steil, 80 Prozent hängig, 10 Prozent flach

🍇 80 Prozent Silvaner, 20 Prozent Müller-Thurgau und Riesling

⚱ Verwittertes Rotliegendes, sandig-toniger Lehm, sandiger Lehm.

🍷 Herzhafte, saftige Silvaner mit feinem Duft, milde fruchtig-würzige Müller-Thurgau.

GL. Schloßkapelle

Guldentaler St. Martin: Martin-Patrozinium seit 1419 in Waldhilbersheim (= Guldental) nachgewiesen.

- ☐ 40,0 ha
- Ñ Südwesten
- / 60 Prozent steil, 40 Prozent hängig
- 🍇 70 Prozent Silvaner, 30 Prozent Müller-Thurgau, Riesling und andere Sorten wie Faber, Morio, Bacchus
- ⌄ Verwittertes Rotliegendes = lehmig roter Sandboden.
- ♀ Feinduftige, saftige Silvaner mit angenehm betonter Säure.
- GL. Schloßkapelle

Guldentaler Teufelsküche: Name nimmt vermutlich Bezug auf sumpfiges Gelände und damit verbundenes Nebelsteigen vor Trockenlegung (Drainage) und Weinbergsanlage. Manche wollen dort sogar Irrlichter gesehen haben. Die gute Erwärmbarkeit des Weinbergbodens kann darin aber auch zum Ausdruck kommen.

- ☐ 28,0 ha
- Ñ Südwesten – Süden – Südosten
- / 60 Prozent hängig, 40 Prozent flach
- 🍇 60 Prozent Müller-Thurgau, 40 Prozent Silvaner und Neuzüchtungen
- ⌄ Lehm und Kies.
- ♀ Blumige, fruchtige Müller-Thurgau und typische Sortenausprägung bei neuen Rebsorten.
- GL. Schloßkapelle

Guldentaler Honigberg: Die Lage ist die größte im gesamten Nahegebiet; sie umfaßt alle Weinberge in der Gemarkung westlich des Guldenbaches. Unter den Flurbezeichnungen der einzelnen Lagen war auch die Lage »Auf dem Honigberg«, also eine frühere Bienenweide.

- ☐ 138,0 ha
- Ñ Südwesten – Süden – Südosten
- / 30 Prozent steil, 30 Prozent hängig, 40 Prozent flach
- 🍇 60 Prozent Silvaner, 40 Prozent Müller-Thurgau und andere Sorten (Bacchus)
- ⌄ Toniger Lehmboden, teilweise mergelig-tonige Lehme über Ton (Rupelton).
- ♀ Körperreiche, saftige Weine.
- GL. Schloßkapelle

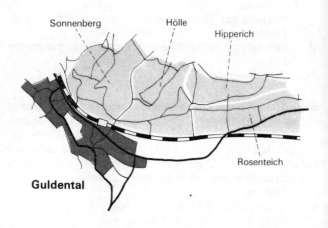

Sonnenberg Hölle Hipperich

Rosenteich

Guldental

Guldentaler Sonnenberg: Name gibt Hinweis auf die gute Sonneneinstrahlung (Erwärmung).

☐ 58,0 ha
🧭 Südwesten
/ 80 Prozent steil, 20 Prozent hängig
🍇 80 Prozent Silvaner, 20 Prozent Müller-Thurgau und andere Sorten
⚱ Verwittertes Rotliegendes.
🍷 Saftige, herzhafte Silvaner und fruchtige, würzige, milde Müller-Thurgau.
GL. Schloßkapelle

Guldentaler Hölle: Hölle = Helde = Halde.

☐ 45,0 ha

Ṉ Süden – Südosten

／ 50 Prozent steil, 50 Prozent hängig

🍇 60 Prozent Silvaner, 40 Prozent Müller-Thurgau
und andere Sorten.

↧ Sand und Lehm.

🍷 Feinduftige, lebendige Silvaner und fruchtige, würzige Müller-Thurgau.

GL. Schloßkapelle

Guldentaler Hipperich: Hippe = Geiß; Hipperich = Geißenberg. Hier ist der Weideplatz vor Anlage von Weinbergen gemeint. Der Name kommt mehrfach im Gebiet der Nahe vor.

☐ 40,0 ha

Ṉ Südwesten – Süden

／ 10 Prozent steil, 90 Prozent hängig

🍇 70 Prozent Riesling, 30 Prozent Silvaner und
andere Sorten

↧ Verwittertes Rotliegendes = rötlicher, schwach bis
stark sandiger Lehm der bunten Sandsteine (Kreuznacher Schichten).

🍷 Besonders die Rieslinge sind fruchtig, rassig und
feinnervig.

GL. Schloßkapelle

Guldentaler Rosenteich: Erstmals 1608 »Rohsendeich«.
Roßendeich von Flachsroße = Flachs unter Wasser im
benachbarten Gewässer zur Fäulnis bringen.

☐ 35,0 ha

Ṉ Süden – Südosten

／ 50 Prozent hängig, 50 Prozent flach

🍇 50 Prozent Silvaner, 50 Prozent Müller-Thurgau,
Riesling und andere Sorten

↧ Sandiger Lehm.

🍷 Kräftige, frische Silvaner mit feinem Duft, blumige,
feinduftige Müller-Thurgau mit angenehmer Säure.

GL. Schloßkapelle

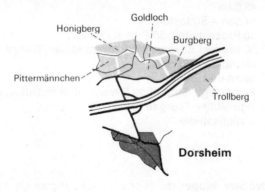

Honigberg
Goldloch
Burgberg
Pittermännchen
Trollberg

Dorsheim

Dorsheimer Burgberg: Besteht aus zwei Flurstücken. Name vermutlich in Anlehnung an die Burg Leyen (vielleicht früher zum Schloßgut gehörend) gewählt.

- ☐ 6,0 ha
- ℕ Süden – Südosten
- / 100 Prozent steil
- ♥ 100 Prozent Riesling
- ⚱ Steinig-kiesiger, teils auch Steingries enthaltender Lehm auf Waderner Schichten.
- ⚲ Fruchtige Riesling-Rasse.
- GL. Schloßkapelle

Dorsheimer Honigberg: Alter Katastername für Flur 1 und 2. Dieser Name kommt in vielen Weinbaugebieten als Bezeichnung für frühere Bienenweiden oder als Hinweis auf eine besonders gute Weinlage vor.

- ☐ 15,0 ha
- ℕ Süden
- / 10 Prozent hängig, 90 Prozent flach (auf dem Berg!)
- ♥ 50 Prozent Silvaner, 50 Prozent Müller-Thurgau und andere Sorten
- ⚱ Kiesiger Lehm.
- ⚲ Feines Sortenbukett und fruchtige Säure.
- GL. Schloßkapelle

Dorsheimer Goldloch: Bezieht sich auf goldführendes Gestein. Ein Abbau wurde begonnen, aber wegen geringer Ausbeute aufgegeben. Der Name Goldloch bezeichnet im eigentlichen Sinne den jetzt verschütteten Stollen. Scherzhaft wird im Volksmund angedeutet, daß der gute Wein aus dieser Lage eine Menge Geld (= Gold) einbringt.

☐ 15,0 ha
Ν Süden
/ 95 Prozent steil, 5 Prozent hängig
❦ 90 Prozent Riesling, 10 Prozent andere Sorten
⚒ Steinig-grusiger Lehm, zum Teil Hanglehm als Verwitterungsprodukt der Waderner Schichten.
♟ Weine aus dieser Lage zählen zu den Spitzenweinen. Sortentypische, markante Ausprägung.
GL. Schloßkapelle

Dorsheimer Pittermännchen: Vermutlich nach einer Münze, Abgabe oder Zins = Peter- oder Pittermännchen genannt; 1678 gingen 32 davon auf einen Gulden. Vielleicht hier auch ein Wertmaßstab; die Weinberge dort erbrachten guten Gewinn. 1386 übergab Pfalzgraf Ruprecht II. seiner Tochter Else drei Morgen Wingert in dieser Lage.

☐ 8,0 ha
Ν Süden
/ 100 Prozent steil
❦ 50 Prozent Riesling, 50 Prozent Silvaner
⚒ Verwitterungsboden der Waderner Schichten, verlehmt, mit Kies und Steingrus durchsetzt.
♟ In dieser Lage werden oft Spitzenweine gewonnen. Besonders rassige, rypische Rieslinge mit der Eigenschaft, ein langes Flaschenlager zu vertragen.
GL. Schloßkapelle

Dorsheimer Trollberg: Lagenname in Anlehnung an das Trollbachtal; siehe Münster-Sarmsheim.

☐ 15,0 ha
Ν Südwesten – Süden
/ 80 Prozent steil, 20 Prozent hängig
❦ 50 Prozent Müller-Thurgau, 30 Prozent Silvaner, 20 Prozent Riesling
⚒ Kiesiger, lehmig-grusiger Boden als Verwitterungsprodukt der Waderner Schichten.
♟ Fruchtige, nachhaltige Weine.
GL. Schloßkapelle

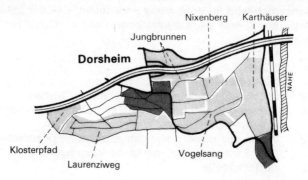

Nixenberg Karthäuser

Jungbrunnen

Dorsheim

NAHE

Klosterpfad

Laurenziweg

Vogelsang

Laubenheim

Dorsheimer Klosterpfad: Name in Anlehnung an eine mittelalterliche Wallfahrtskirche, die im Bereich der Lage gestanden haben soll.

☐   65,0 ha

Ⓝ   Süden – Südosten

/   80 Prozent hängig, 20 Prozent flach

🍇   80 Prozent Müller-Thurgau, 20 Prozent Silvaner

⬇   Gehängelehm auf Fels, zum Teil mit Kies und Grus durchsetzt.

🏆   Milde, würzige Weine.

GL.   Schloßkapelle

Dorsheimer Laurenziweg: Laurentius-Patrozinium seit 1705.

☐   25,0 ha

Ⓝ   Süden – Südosten

/   50 Prozent hängig, 50 Prozent flach

🍇   50 Prozent Silvaner, 50 Prozent Müller-Thurgau

⬇   Lehmiger Kies auf Fels.

🏆   Saftige, fruchtige Weine.

GL.   Schloßkapelle

Dorsheimer Jungbrunnen: Lagennamen etymologisch nicht deutbar.

☐   55,0 ha

Ⓝ   Süden

/   70 Prozent hängig, 30 Prozent flach
🍇   50 Prozent Silvaner, 50 Prozent Müller-Thurgau
⚒   Stark lehmiger Kies, stellenweise mit Steingrus durchsetzt.
🍷   Saftige, herzhafte Weine.
GL.   Schloßkapelle

Dorsheimer Nixenberg: Althergebrachter Lagenname, etymologisch nicht deutbar.

☐   17,0 ha
N   Süden – Südwesten
/   100 Prozent hängig
🍇   60 Prozent Silvaner, 30 Prozent Müller-Thurgau, 10 Prozent Riesling
⚒   Steinig-kiesiger bis sandiger Lehm.
🍷   Die Weine weisen eine gute sortentypische Ausprägung in Geruch und Geschmack auf.
GL.   Schloßkapelle

Laubenheimer Vogelsang: Früher »Auf dem Vogelsang«. Oft aufzufindende Bezeichnung für Brandrodung (Sengen) als Vorbereitung zur Erstellung von Weinbergen oder Bezeichnung Flur vor dem Walde.

☐   14,0 ha
N   Süden
/   5 Prozent steil, 50 Prozent hängig, 45 Prozent flach
🍇   60 Prozent Riesling, 40 Prozent Silvaner und Müller-Thurgau
⚒   Lehm, Ton mit Kies.
🍷   Weine mit fruchtiger, herzhafter Säure.
GL.   Schloßkapelle

Laubenheimer Karthäuser: Alter Flurname, auf den Güterbesitz eines Karthäuserklosters hindeutend.

☐   27,0 ha
N   Südosten – Süden
/   20 Prozent steil, 80 Prozent hängig
🍇   50 Prozent Silvaner, 30 Prozent Riesling, 15 Prozent Müller-Thurgau, 5 Prozent andere Sorten
⚒   Lößlehm mit Kiesanteil.
🍷   Fruchtige Art mit eleganter Säure.
GL.   Schloßkapelle

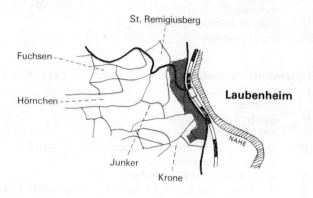

St. Remigiusberg

Fuchsen

Hörnchen

Laubenheim

NAHE

Junker

Krone

Laubenheimer St. Remigiusberg: Name etymologisch nicht deutbar.

☐   5,2 ha
ℕ   Süden – Südosten
/   60 Prozent steil, 40 Prozent hängig
🍇   50 Prozent Riesling, 50 Prozent Silvaner, Müller-Thurgau und andere Sorten
⚲   Gesteinsverwitterung = Braunerden und Ranker über Quarzit.
🍷   Die Rieslinge zeigen rheinweinähnlichen Charakter.
GL.   Schloßkapelle

Laubenheimer Fuchsen: Früher »Im Fuchsen«; vermutlich Fuchsbauten andeutend.

☐   17,5 ha
ℕ   Süden
/   60 Prozent steil, 30 Prozent hängig, 10 Prozent flach
🍇   60 Prozent Riesling, 40 Prozent Müller-Thurgau und Silvaner
⚲   Stark lehmiger Kies.
🍷   Fruchtige, würzige Rieslinge und Müller-Thurgau.
GL.   Schloßkapelle

Laubenheimer Junker: Früher »Im Junker«. Hinweis auf den Besitzer bzw. den Zehntherrn, den Junker.

- ☐ 20,0 ha
- Ñ Südosten – Süden
- / 100 Prozent hängig
- ❦ 80 Prozent Silvaner, 20 Prozent Müller-Thurgau und andere Sorten
- ⌇ Lehm – Ton.
- ⍖ Kräftige, sortentypische Weine.
- GL. Schloßkapelle

Laubenheimer Hörnchen: Früher »Auf dem Hörnchen«; Hörnchen = Bergkuppe.

- ☐ 28,0 ha
- Ñ Südosten – Süden
- / 75 Prozent hängig, 25 Prozent flach
- ❦ 50 Prozent Müller-Thurgau, 50 Prozent Silvaner, Riesling und andere Sorten
- ⌇ Lehm – sandiger Lehm.
- ⍖ Gehaltvolle, aromatische Weine.
- GL. Schloßkapelle

Laubenheimer Krone: Etymologisch nicht deutbar.

- ☐ 26,0 ha
- Ñ Süden – Südosten
- / 5 Prozent steil, 95 Prozent hängig
- ❦ 40 Prozent Silvaner, 60 Prozent Riesling, Müller-Thurgau und andere Sorten
- ⌇ Lehm (Gehängelehm).
- ⍖ Feinduftige Weine, nachhaltig.
- GL. Schloßkapelle

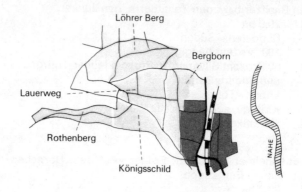

Löhrer Berg

Bergborn

Lauerweg

Rothenberg

Königsschild

NAHE

Langenlonsheim

Langenlonsheimer Löhrer Berg: Lage gebildet aus 7 Flurstücken, darunter 5 mit der Bezeichnung Löhr, wie z. B.
Zwerglöhr, Löhrgrund, Auf der Löhr usw.; mhd. loer =
leer, nicht bepflanzt, d. h. oft als Weide benutzt. Löhrer
Berg = Weideplatz vor Anlage der Weinberge.

- ☐ 50,0 ha
- Ⴖ Süden
- / 60 Prozent steil, 40 Pozent hängig
- ❦ 60 Prozent Riesling, 20 Prozent Silvaner,
  Müller-Thurgau, 20 Prozent Neuzüchtungen
- ⚱ Sandiger Lehm – lehmiger Ton.
- ⚱ Rieslinge von feiner, dezenter Frucht. Silvaner und
  Müller-Thurgau sowie andere Sorten etwas stärker
  ausgeprägt.
- GL. Sonnenborn

Langenlonsheimer Bergborn: Früher »Im Bergborn«.
Name deutet auf das Austreten von Wasser zwischen
Lehm- und Tonschicht hin.

- ☐ 26,0 ha
- Ⴖ Südosten – Süden
- / 100 Prozent hängig
- ❦ 40 Prozent Silvaner, 30 Prozent Müller-Thurgau
  und Riesling sowie 30 Prozent Neuzüchtungen
- ⚱ Lehm-Tonboden.

♟ Ausgeprägte Silvaner, zum Teil von rassiger Art;
Müller-Thurgau, Riesling und Neuzüchtungen prä-
sentieren sich fruchtig elegant.
GL. Sonnenborn

Langenlonsheimer Lauerweg: Aus den Flurstücken der
Fluren 13, 23, 24 gebildet. Es gab darunter die Lage »Im
Lauerweg«. Deutung wohl wie »Löhrer Berg«, an den die
Flur grenzt.
☐ 42,0 ha
Ṇ Südosten – Süden
/ 100 Prozent hängig
🍇 60 Prozent Riesling, 20 Prozent Silvaner und
Müller-Thurgau, 20 Prozent Neuzüchtungen
⚲ Sandiger, toniger Lehmboden.
♟ Typische Ausprägung des jeweiligen Sortenbuketts.
GL. Sonnenborn

Langenlonsheimer Königsschild: Aus den Parzellen der
Fluren 15 und 22 wurde der Name neu gebildet. Unter
diesen war die Lage »Auf dem Schild«. Hinweis auf die
Parzellenform.
☐ 23,0 ha
Ṇ Süden – Südosten
/ 20 Prozent steil, 80 Prozent hängig
🍇 80 Prozent Riesling, 20 Prozent Silvaner und
Müller-Thurgau
⚲ Toniger Lehmboden.
♟ Elegante Silvaner und Müller-Thurgau sowie fruch-
tige, rassige Rieslinge.
GL. Sonnenborn

Langenlonsheimer Rothenberg: Name vielleicht im Hinblick auf die Bodenfarbe gewählt. Eine andere Bedeutung weist auf die Rodung des bewaldeten Berges hin.
Im Westen von Wald, im Süden vom Rothenberger Weg
begrenzt. Alte Flurbezeichnung »Im Rodenberg«.
☐ 16,0 ha
Ṇ Süden
/ 100 Prozent steil
🍇 90 Prozent Riesling, 10 Prozent Neuzüchtungen
⚲ Sandiger Lehm, lehmiger Sand über Sandstein.
♟ Markante Rieslinge.
GL. Sonnenborn

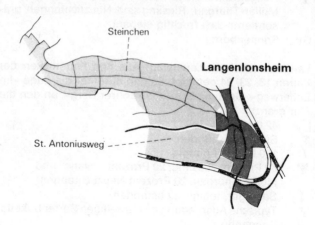

Langenlonsheimer Steinchen: Name deutet die Bodenbeschaffenheit an.

☐ 140,0 ha
🅽 Süden
/ 30 Prozent hängig, 70 Prozent flach
🍇 30 Prozent Silvaner, 40 Prozent Müller-Thurgau,
10 Prozent Scheurebe, 20 Prozent Neuzüchtungen
🍶 Lehm, sandiger Lehm, teilweise steinig-kiesig.
🍷 Körperreiche Silvaner und Müller-Thurgau, gut
ausgeprägtes Bukett der neuen Sorten.
GL. Sonnenborn

Langenlonsheimer St. Antoniusweg: Die Lage befindet
sich zwischen der Straße nach Guldental (L 242) und der
Hunsrückbahn. Der Name ist etymologisch nicht deutbar.

☐ 50,0 ha
🅽 Süden
/ 30 Prozent hängig, 70 Prozent flach
🍇 40 Prozent Silvaner, 30 Prozent Müller-Thurgau
und Riesling, 30 Prozent Neuzüchtungen
🍶 Lehmiger Kies – kiesiger Lehm über Löß.
🍷 Saftige, fruchtige, frische Weine.
GL. Sonnenborn

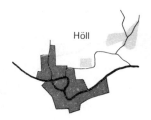

Spabrücken

Spabrücker Höll: Lage umfaßt die Flurstücke »Hinter der Höll« und »Auf der Höll«. Höll = Halde.

☐   6,0 ha
Ñ   Südosten – Süden
/   40 Prozent steil, 60 Prozent hängig
🍇   60 Prozent Müller-Thurgau, 40 Prozent Silvaner
     und andere Sorten
⚲   Schieferverwitterung.
🍷   Feinfruchtig mit feinem Sortenbukett.
GL.   Pfarrgarten

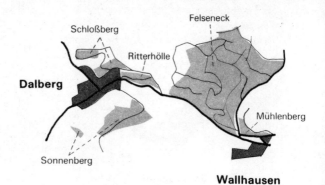

Schloßberg

Felseneck

Ritterhölle

Dalberg

Mühlenberg

Sonnenberg

Wallhausen

Dalberger Schloßberg: Name nach dem Schloß der Herren von Dalberg benannt, besteht aus Flurstücken der Flur 1.

☐ 10,0 ha
N Süden
/ 70 Prozent steil, 15 Prozent hängig, 15 Prozent flach
🍇 50 Prozent Müller-Thurgau, 50 Prozent Riesling und andere Sorten
⚒ Phyllit-Schieferverwitterung = Gehänge- und Lößlehm mit schiefrigen Anteilen über Phyllit-Schiefer.
🍷 Rassig-stahlige Rieslinge und Müller-Thurgau mit ausgeprägter Frucht.
GL. Pfarrgarten

Dalberger Ritterhölle: Früher »Ritterhell«; Hell = Halde.
☐ 8,0 ha
N Süden
/ 100 Prozent steil
🍇 50 Prozent Müller-Thurgau, 50 Prozent Scheurebe und Riesling
⚒ Phyllit-Schieferverwitterung = tonig-lehmiger Boden.
🍷 Gut ausgeprägtes Sortenbukett, nachhaltig.
GL. Pfarrgarten

Dalberger Sonnenberg: Name deutet auf gute Besonnung. Aus Flurstücken der Fluren 5, 9 und 10 gebildet.

- ☐ 14,0 ha
- ⋈ Südosten – Süden – Südwesten
- / 80 Prozent steil, 20 Prozent hängig
- ♈ 90 Prozent Müller-Thurgau, 10 Prozent Riesling
  und Silvaner
- ⌁ Phyllit-Schieferverwitterung = lehmig-toniger
  Boden über Phyllit.
- ♈ Blumige Müller-Thurgau mit angenehmer Säure.
- GL. Pfarrgarten

Wallhäuser Felseneck: Namengebend war die ehemalige
Kleinlage »Fels«. Die Dalberger Schiefergruben liegen
nur 1 km entfernt.

- ☐ 47,0 ha
- ⋈ Süden – Südosten
- / 80 Prozent steil, 20 Prozent hängig
- ♈ 60 Prozent Silvaner, 40 Prozent Riesling,
  Müller-Thurgau und andere Sorten
- ⌁ Häufig wechselnder Boden; sandiger Lehm – toni-
  ger Lehm um steinig-grusigen Lehm – Löß; im
  Untergrund liegen die Disibodenberger und Kuseler
  Schichten des Unterrotliegenden und nach dem Ort
  Wallhausen zu die Waderner Schichten des Ober-
  rotliegenden sowie Phyllitschiefer.
- ♈ Sortentypische Ausprägung des Buketts.
- GL. Pfarrgarten

Wallhäuser Mühlenberg: Name bezugnehmend auf die
Wiesenmühle vis à vis der Lage. Frühere Bezeichnung:
»Am Mühlenberg«.

- ☐ 5,0 ha
- ⋈ Süden
- / 100 Prozent steil
- ♈ 80 Prozent Riesling, 20 Prozent Ruländer und
  Silvaner
- ⌁ Steinig-grusiger Lehm über Waderner Schichten.
- ♈ Fruchtige Weine von rassiger Art.
- GL. Pfarrgarten

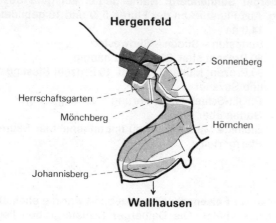

Hergenfeld

Sonnenberg

Herrschaftsgarten

Mönchberg

Hörnchen

Johannisberg

↓
Wallhausen

Hergenfelder Mönchberg: Lage aus Flurstücken der Fluren 1, 7 und 11 zusammengesetzt. Name seit 1960 (Flurbereinigung).

☐ 11,0 ha

Süden – Südwesten

/ 50 Prozent steil, 50 Prozent hängig

🍇 60 Prozent Silvaner, 20 Prozent Müller-Thurgau, 10 Prozent Riesling, 10 Prozent verschiedene Sorten

⚒ Schieferverwitterung = Ranker und Braunerden über Schiefer.

♟ Dezent-blumige Weine mit teilweise kräftiger Säure.

GL. Pfarrgarten

Hergenfelder Sonnenberg: Aus Flurstücken der Flur 1 bestehend (Flurbereinigung 1955–60). Auf gute Besonnung der Lage deutend.

☐ 9,0 ha

Südwesten – Süden

/ 10 Prozent steil, 75 Prozent hängig, 15 Prozent flach

🍇 70 Prozent Müller-Thurgau, 25 Prozent Silvaner, 5 Prozent andere Sorten

⚒ Tiefgrundige Schieferverwitterung = mehr Braunerden als Ranker

♟ Blumige, fruchtige Müller-Thurgau; typische, ausgeprägte Silvaner.

GL. Pfarrgarten

Hergenfelder Herrschaftsgarten: Aus Flurstücken der Flur 7 zusammengesetzt, worunter auch die Lage »Herrschaftsacker« war. Name seit Flurbereinigung (1960).

☐ 10,0 ha
ℕ Südwesten – Süden – Südosten
/ 75 Prozent hängig, 25 Prozent flach
🍇 40 Prozent Silvaner, 40 Prozent Müller-Thurgau, 10 Prozent Riesling, 10 Prozent verschiedene Sorten
⚱ Schieferverwitterung = lehmig-toniger Boden über Schiefer.
🍷 Gute Ausprägung des Sortenbuketts, gute Lagerfähigkeit der Weine.
GL. Pfarrgarten

Wallhäuser Hörnchen: Name für eine größere Fläche, darunter auch die alte Lage »Im Hörnchen«. Siehe auch bei Laubenheim.

☐ 20,0 ha
ℕ Südwesten – Süden
/ 40 Prozent steil, 60 Prozent hängig
🍇 80 Prozent Müller-Thurgau, 20 Prozent Silvaner und andere Sorten
⚱ Lehmiger Sand – sandiger Lehm sowie Lehm vermischt mit dem Schutt der Waderner Schichten; Boden häufig wechselnd.
🍷 Blumige Müller-Thurgau mit angenehmer Säure.
GL. Pfarrgarten

Wallhäuser Johannisberg: Unter den 1971 einbezogenen Lagen war auch die Einzellage »Auf und an dem Johannesberg«.

☐ 25,0 ha
ℕ Südwesten – Süden
/ 50 Prozent steil, 50 Prozent hängig
🍇 75 Prozent Riesling, 25 Prozent Silvaner und andere Sorten
⚱ Schwach lehmiger Kies – steinig-kiesiger Lehm auf buntem Sandstein des Oberrotliegenden.
🍷 Weine aus dieser Lage zählen zu den Spitzenweinen der Gemarkung.
GL. Pfarrgarten

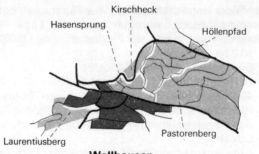

Wallhausen

Wallhäuser Kirschheck: Die Lage umfaßt die Flurstücke der Flur 3. Kirschheck = alte Flurbezeichnung vor Anlage der Weinberge aufgrund des Bewuchses. Früher unterteilt in »Auf der Kirschheck« und »An der Kirschheck«.

☐ 6,0 ha
ℕ Süden
╱ 100 Prozent hängig
🍇 60 Prozent Müller-Thurgau, 40 Prozent Riesling, Scheurebe und andere Sorten
⚱ Lehmiger Sand, zum Teil kiesig-sandiger Lehm (Hanglehm).
🍷 Feinfruchtige Müller-Thurgau.
GL. Pfarrgarten

Wallhäuser Höllenpfad: Die Lage wurde aus Flurstükken der Fluren 3 und 4 gebildet. Hölle = Helle = Halde.

☐ 20,0 ha
ℕ Südosten – Süden
╱ 15 Prozent steil, 70 Prozent hängig, 15 Prozent flach
🍇 70 Prozent Müller-Thurgau, 30 Prozent Riesling, Silvaner und Scheurebe
⚱ Sand – lehmiger Sand, zum Teil steinig-grusig über den Waderner Schichten.
🍷 Bei den verschiedenen Sorten zeigt sich eine ausgeprägte Art (z. B. Scheurebe).
GL. Pfarrgarten

Wallhäuser Hasensprung: Lage liegt am nördlichen Dorfrand und deutet vermutlich auf das häufige Vorkommen von Hasen hin.

☐ 5,0 ha
Ñ Süden
/ 100 Prozent steil
🍇 80 Prozent Riesling, 20 Prozent Silvaner und andere Sorten
⚒ Lehmiger Kies, sandig-steiniger Lehm auf den Waderner Schichten des Oberrotliegenden, im unteren Teil stärker verlehmt.
🍷 Kernige Rieslinge mit feiner Frucht.
GL. Pfarrgarten

Wallhäuser Pastorenberg: Lage aus Flurstücken der Fluren 5, 6 und 7 gebildet, worunter auch die Lagen »An des Pastoren Berg«, »Pastorenberg« waren, was auf Kirchengut hinweist.
☐ 70,0 ha
Ñ Süden – Südosten
/ 60 Prozent steil, 20 Prozent hängig, 20 Prozent flach
🍇 60 Prozent Müller-Thurgau, 40 Prozent Riesling, Silvaner und Scheurebe
⚒ Sandiger Lehm und steinig-kiesiger Lehm und Löß auf den Waderner Schichten des Oberrotliegenden.
🍷 Die Weine aus dieser Lage sind über die Zentral-kellerei der Nahewinzer in der Bundesrepublik als feinfruchtige Weine mit angenehmer Säure be-kannt geworden.
GL. Pfarrgarten

Wallhäuser Laurentiusberg: Die Lage erhielt ihren Namen in Anlehnung an den hl. Laurentius, dem die Kirche des Ortes geweiht ist (1793).
☐ 12,0 ha
Ñ Südwesten – Süden
/ 75 Prozent steil, 25 Prozent hängig
🍇 70 Prozent Riesling, 30 Prozent Müller-Thurgau und andere Sorten
⚒ Kies, sandig- bis steinig-grusiger Lehm auf den Waderner Schichten des Oberrotliegenden, sowie im südwestlichen Teil der Lage gelbe und gelb-braune Sande und Kiese des Oberen Meeressan-des aus dem Tertiär.
🍷 Fruchtige Weine mit herzhafter Säure.
GL. Pfarrgarten

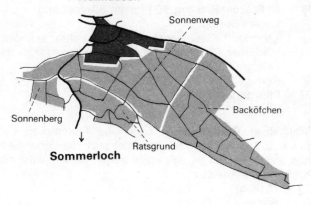

Wallhäuser Sonnenweg: Die Flurstücknamen lauteten »Auf der oberen Hart«, »Auf der unteren Hart«. Hart, auch Hardt geschrieben, kann sowohl Wald wie Weide bedeuten. Hier trifft letzteres zu, bevor Weinberge angelegt wurden. Der heutige Name deutet auf die günstige Sonneneinstrahlung hin.

☐ 60,0 ha

𝕹 Südwesten – Süden

/ 10 Prozent hängig, 90 Prozent flach

🍇 60 Prozent Müller-Thurgau, 40 Prozent Weißburgunder und Neuzüchtungen

⌇ Sand, lehmiger Sand, zum Teil mergelig = Schleichsande und obere Meeressande liegen auf Mergel und Ton des Tertiärs auf. Nach dem Hangfuß hin in feinsandigen, braunen bis gelbbraunen Löß (Hanglöß) übergehend.

🍷 Die Müller-Thurgauweine und die Silvaner weisen bei feiner Frucht eine herzhafte Säure auf.

GL. Pfarrgarten

Wallhäuser Backöfchen: Lage besteht jetzt aus Flurstükken der Fluren 25, 26 und 28. Der Name gibt einen Hinweis auf einen in früherer Zeit in der Gemarkung befind-
lichen Feldbrandofen für Ziegelsteine.

☐   60,0 ha
Ṉ   Südwesten – Süden – Südosten
/   30 Prozent hängig, 70 Prozent flach
🍇   75 Prozent Scheurebe, 25 Prozent Müller-Thurgau,
    Silvaner und andere Sorten
⚲   Sand – lehmiger Sand – Lößlehm = Kiese und
    Sande einer Hauptterrasse aus dem Pleistozän so-
    wie feinsandiger Lößlehm aus der gleichen Zeit.
🍷   Die Scheurebenweine aus dieser Lage zeigen ein
    besonders sortentypisches Bukett.
GL.   Pfarrgarten

Sommerlocher Sonnenberg: Lage besteht aus Flurstükken der Flur 2, nördlich der »Steinrossel« gelegen. Der
Name hebt die günstige Sonneneinwirkung hervor.

☐   18,0 ha
Ṉ   Süden – Südosten
/   33 Prozent steil, 67 Prozent hängig
🍇   70 Prozent Müller-Thurgau, 30 Prozent Silvaner
    und Scheurebe
⚲   Sandiger Lehm, Sand und Kies des Oberen Mee-
    ressandes aus dem Tertiär.
🍷   Dezent-blumige Müller-Thurgau, Silvaner und
    Scheurebe etwas betonter im Ausdruck.
GL.   Pfarrgarten

Sommerlocher Ratsgrund: Name gibt nicht die ursprüngliche Bedeutung wieder. Bereits 1723 war eine Lagenbezeichnung »Rottesgrund« vorhanden, was auf gerode-
tes Gelände schließen läßt.

☐   20,0 ha
Ṉ   Südwesten – Süden
/   30 Prozent steil, 70 Prozent hängig
🍇   60 Prozent Müller-Thurgau, 40 Prozent Riesling
    und Scheurebe
⚲   Kiesiger Lehm-Ton und lehmig-sandiger Kies des
    Oberen Meeressandes aus dem Tertiär.
🍷   Duftige, typische Müller-Thurgau-Weine.
GL.   Pfarrgarten

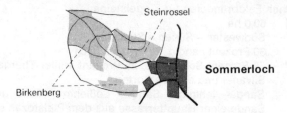

Steinrossel

Sommerloch

Birkenberg

Sommerlocher Birkenberg: Besteht aus Flurstücken der Fluren 1 und 3, soweit als Weinbergsgelände zugelassen. Baumnamen in Flurbezeichnungen werden oft nach Rodungen gewählt. Name »In den Birken« seit 1723. Waldnähe ist gegeben. Hier Rodungsfläche vor dem Wald.

☐ 28,0 ha

Ñ Südwesten – Süden

/ 40 Prozent hängig, 60 Prozent flach

🍇 80 Prozent Müller-Thurgau, 20 Prozent Scheurebe und Silvaner

⚲ Sandiger Lehm – lehmiger Sand, gelb-gelbbraun, des Oberen Meeressandes aus dem Tertiär.

⚱ Blumige Müller-Thurgau und bukettstarke Scheurebenweine.

GL. Pfarrgarten

Sommerlocher Steinrossel: Besteht aus Flurstücken der Flur 2, Name deutet den Verwitterungsschutt der Waderner Schichten oder eine Wasserrinne an; Name seit 1725.

☐ 13,0 ha

Ñ Südwesten – Süden – Südosten

/ 100 Prozent steil

🍇 100 Prozent Riesling

⚲ Steinig-grusiger Lehm und Kies über Waderner Schichten.

⚱ Herzhafte Rieslinge von langer Lagerfähigkeit.

GL. Pfarrgarten

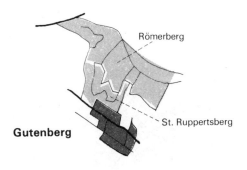

Römerberg

St. Ruppertsberg

Gutenberg

Gutenberger St. Ruppertsberg: Der Name weist auf früheren Besitz des St. Ruppertsklosters bei Bingerbrück hin.

☐ 15,0 ha

Südwesten – Süden

/ 80 Prozent steil, 15 Prozent hängig, 5 Prozent flach

🍇 60 Prozent Riesling, 40 Prozent Silvaner, Müller-Thurgau und Scheurebe

⌛ Sandiger Lehm, zum Teil steinig-grusig auf den Waderner Schichten des Oberrotliegenden.

🍷 Die Sorten erfahren eine typische Ausprägung.

GL. Pfarrgarten

Gutenberger Römerberg: Name in Anlehnung an die frühere nördlich des Ortes verlaufende Römerstraße.

☐ 58,0 ha

Südwesten – Süden

/ 10 Prozent hängig, 90 Prozent flach

🍇 70 Prozent Silvaner, 30 Prozent Müller-Thurgau und andere Sorten

⌛ Lehmiger Sand und sandig-kiesiger Lehm sowie Sande und Kiese. Der Boden wechselt innerhalb der Lage und liegt teils über den Waderner und Kreuznacher Buntsandstein-Schichten, teils auch über der Hochterrasse des Oberen Meeressandes.

🍷 Silvaner- und Müller-Thurgauweine dezent bis blumig.

GL. Pfarrgarten

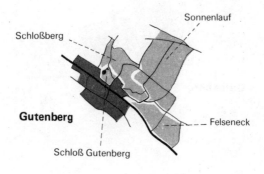

Schloßberg

Sonnenlauf

Gutenberg

Felseneck

Schloß Gutenberg

Gutenberger Schloßberg: Lage nach der Burg Gutenburg, dem Schloß, benannt. Das Dorf hieß vor 1300 Weitersheim und benannte sich später nach der Burg.

☐ 13,0 ha
ℕ Südwesten – Süden
/ 60 Prozent steil, 40 Prozent hängig
🍇 55 Prozent Riesling, 45 Prozent Silvaner, Müller-Thurgau und andere Sorten
⌞ Rötlicher, sandig-kiesiger Lehm, aus den Waderner Schichten entstanden.
🍷 Typische Ausprägung der Sortenarten.
GL. Pfarrgarten

Gutenberger Schloß Gutenberg: Einzellage im Alleinbesitz der Familie Armin Puth, die auch Besitzer der Burgruine ist; bestehend aus Flurstück 9 der Flur 12.

☐ 2,63 ha
ℕ Südwesten
/ 42 Prozent steil, 58 Prozent hängig
🍇 40 Prozent Riesling, 30 Prozent Scheurebe, 15 Prozent Silvaner, 15. Prozent Müller-Thurgau
⌞ Sandiger Lehm, zum Teil steinig-kiesig auf den Waderner Schichten.

♀ Die Weine dieser Lage zählen zu den Spitzenge-
wächsen der Gemarkung. Edle, feinfruchtige Rieslinge mit Eleganz. Ausgeprägte, harmonische
Scheurebenweine mit fülligem Bukett.
GL. Pfarrgarten

Gutenberger Sonnenlauf: Bei der Umlegung gebildeter
Name. Charakterisiert den Lauf der Sonne um den Berg,
der sich von Südosten über Süden bis Südwesten neigt.
☐ 39,0 ha
Ν Südosten – Süden – Südwesten
/ 20 Prozent hängig, 80 Prozent flach
♥ 80 Prozent Müller-Thurgau, 20 Prozent Silvaner
und andere Sorten
⌁ Steinig-kiesiger, sandiger, rötlicher Lehm als Verwitterungsprodukt der Waderner Schichten.
♀ Typisch ausgeprägte Müller-Thurgau-Weine mit
fruchtiger Säure.
GL. Pfarrgarten

Gutenberger Felseneck: In der Gemarkung gab es früher
den Flurnamen »Im Felsrech«. Rech = Hang.
☐ 12,35 ha
Ν Südwesten – Süden
/ 10 Prozent steil, 30 Prozent hängig, 60 Prozent flach
♥ 50 Prozent Müller-Thurgau, 50 Prozent Riesling,
Silvaner und andere Sorten
⌁ Im unteren Teil der Lage sandig-kiesiger Lehm auf
Waderner Schichten. Im oberen Teil sandiger Lehm
– lehmiger Sand aus den roten, fein-mittelkörnigen
Sandsteinen der Kreuznacher Schichten des Oberrotliegenden.
♀ In dieser Lage zeigen die Müller-Thurgau-Weine
eine fruchtige, blumige Art.
GL. Pfarrgarten

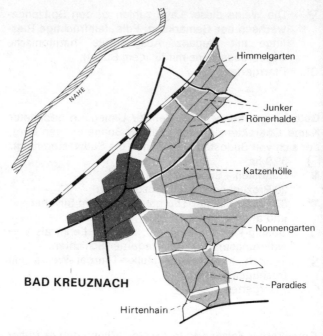

NAHE

Himmelgarten

Junker
Römerhalde

Katzenhölle

Nonnengarten

Paradies

BAD KREUZNACH

Hirtenhain

Kreuznacher Himmelgarten: Alte Lagebezeichnung. »Himmel« deutet auf ein hoch- und freiliegendes Flurstück hin.
☐   16,3 ha
ℕ   Südwesten
/   50 Prozent hängig, 50 Prozent flach
🍇 60 Prozent Silvaner, 40 Prozent Müller-Thurgau
🛆   Lehm – toniger Lehm.
🍷 Feinduftige, saftige Silvaner und blumige, würzige Müller-Thurgau mit angenehmer Säure.
GL. Kronenberg

Kreuznacher Junker: Der Name weist auf den Besitzer hin. Die Flur war dem Junker von Falkenstein gehörig, bzw. ihm gehörte der Zehnte wie ganz Ippesheim vom 11. bis zum 18. Jahrhundert.
☐   21,7 ha
ℕ   Südwesten
/   50 Prozent hängig, 50 Prozent flach
🍇 70 Prozent Silvaner, 30 Prozent Müller-Thurgau und Portugieser

⌁ Lehmig-toniger Boden.
♀ Eine schöne, typische Ausprägung des Silvaner-
buketts bei angenehmer Säure.
GL. Kronenberg

Kreuznacher Römerhalde. Der Name wurde neu gewählt
in Anlehnung an eine römische Ansiedlung bei Planig.
In gleicher Art hat man einen Ortsteil Planigs »Im Römer-
dorf« bezeichnet.

☐ 36,6 ha
ℕ Südwesten
/ 50 Prozent hängig, 50 Prozent flach
🍇 50 Prozent Müller-Thurgau, 40 Prozent Silvaner,
10 Prozent Riesling und andere Sorten
⌁ Lehm und Kiesboden, wechselnd oder gemischt
vorkommend.
♀ Fruchtige, würzige Müller-Thurgau und saftige,
feinduftige Silvaner.
GL. Kronenberg

Kreuznacher Katzenhölle: Katze = oft Bezeichnung für
karge Fluren; Hölle = Halde, steiler Hang und damit verbunden gute Besonnung.

☐ 46,8 ha
ℕ Südwesten – Süden
/ 70 Prozent hängig, 30 Prozent flach
🍇 40 Prozent Silvaner, 30 Prozent Müller-Thurgau,
10 Prozent Riesling, 20 Prozent andere Sorten
⌁ Kiesiger Lehm bis Lehm.
♀ Saftige, feinduftige Silvaner und fruchtige, würzige
Müller-Thurgau.
GL. Kronenberg

Kreuznacher Nonnengarten: Deutet auf frühere Besitzverhältnisse hin.

☐ 70,4 ha
ℕ Südwesten
/ 70 Prozent hängig, 30 Prozent flach
🍇 60 Prozent Silvaner, 40 Prozent Müller-Thurgau
⌁ Humoser Lehm in tonigen Boden übergehend.
♀ Herzhafte saftige Silvaner und fruchtige, würzige
Müller-Thurgau.
GL. Kronenberg

Kreuznacher Paradies: Erstmalige Erwähnung 1750. In der Gemarkung Bad Kreuznach gab es drei »Paradiese«. Kann verschieden ausgelegt werden: Andeutung auf sehr fruchtbare Böden wie hier; in der Regel aber Spottname für weniger gute Flurstücke oder als Gegensatz (biblisch) zu den Lagen, die mit Hölle bezeichnet werden.

☐ 44,5 ha

ℕ Südwesten – Süden

／ 100 Prozent hängig

🍇 60 Prozent Silvaner, 40 Prozent Riesling und Müller-Thurgau

🍶 Tiefgründiger Lehm-Tonboden, mergelig-toniger Lehm.

🍷 Stofflich volle Weine mit gut geprägtem Sortenbukett.

GL. Kronenberg

Kreuznacher Hirtenhain: Hinweis auf die Nutzung vor der Anlage von Weinbergen als Weideplatz. Name wurde 1969 wieder gewählt für eine Lage, die mit anderen unter »Bosenberg« geführt wurde.

☐ 10,9 ha

ℕ Süden – Südosten

／ 15 Prozent hängig, 85 Prozent flach

🍇 60 Prozent Riesling, 40 Prozent Silvaner und Müller-Thurgau

🍶 Mergelig-toniger Boden.

🍷 Die Weine aus dieser Lage zeigen eine gute Sortenausprägung mit einer besonderen Note. Im 18. und 19. Jahrhundert schon waren die Weine aus diesem Distrikt besonders gefragt und wurden besser bezahlt als andere.

GL. Kronenberg

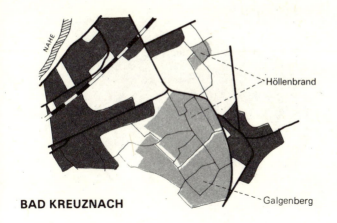

NAHE

Höllenbrand

BAD KREUZNACH

Galgenberg

Kreuznacher Höllenbrand: Name früher vorhanden und erinnert an einen leicht erwärmbaren Boden. Etymologisch vermutlich von Brandrodung oder von Ort, wo etwas ge- oder verbrannt wird (auch Ziegelöfen) abzuleiten.

☐ 75,7 ha

N Südwesten – Süden

/ 30 Prozent hängig, 70 Prozent flach

🍇 60 Prozent Müller-Thurgau, 40 Prozent Silvaner und Portugieser

⌁ Lehmiger bis sandiger Boden mit Kies durchsetzt.

🍷 Weine mit feinem Duft und feiner Blume bei mäßiger Säure.

GL. Kronenberg

Kreuznacher Galgenberg: Alte Bezeichnung des Richtplatzes.

☐ 75,3 ha

N Südwesten – Süden

/ 80 Prozent hängig, 20 Prozent flach

🍇 40 Prozent Silvaner, 20 Prozent Müller-Thurgau, 40 Prozent Riesling, Scheurebe und Neuzüchtungen

⌁ Gehängeschutt der Terrassenschotter der mittleren Naheterrasse, teils sandige bis kiesige Lehme, lehmiger Kies zum Teil über mergeligen Tonen.

🍷 Würzige, milde Silvaner und Müller-Thurgau.

GL. Kronenberg

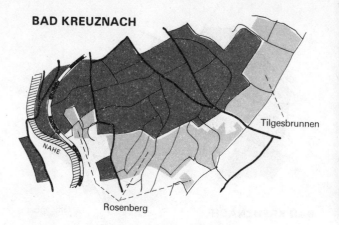

BAD KREUZNACH

Tilgesbrunnen

NAHE

Rosenberg

Kreuznacher Tilgesbrunnen: 1327 »Dulvesborn«; 1529 Dilsborn; später taucht auch die Bezeichnung »Ottilienbrunnen« auf. Der Überlieferung nach war in der Flur ein Brunnen mit heilkräftigem Wasser.

☐ 89,8 ha

Ⓝ Südwesten

╱ 20 Prozent hängig, 80 Prozent flach

🍇 40 Prozent Müller-Thurgau, 60 Prozent Silvaner, Riesling, Scheurebe

⬇ Stark mit Kies durchsetzter Tonboden, stellenweise sandiger, schwachlehmiger Kies auf Ton.

🍷 Milde, feinfruchtige Silvaner und Müller-Thurgau, bei Scheurebenweinen ist das Bukett angenehm dezent.

GL. Kronenberg

Kreuznacher Rosenberg: Name deutet auf starkes Auftreten von Rosen, oft auch auf alte Begräbnisstätte.

☐ 128,3 ha

Ⓝ Südwesten

╱ 50 Prozent hängig, 50 Prozent flach

🍇 45 Prozent Müller-Thurgau, 40 Prozent Silvaner, 15 Prozent Riesling

⬇ Stark kiesiger Lehm.

🍷 Im Bukett mehr dezente Weine mit herzhafter Säure.

GL. Kronenberg

126

Kauzenberg in den Mauern

Kauzenberg-Rosenhügel

Kauzenberg-Oranienberg

NAHE

BAD KREUZNACH

Kreuznacher Kauzenberg-Oranienberg: Westliche Fortsetzung des Kauzenbergs. Teilstück Oranienberg liegt
dem früheren Oranienhof gegenüber. Nach Maria von
Oranien, gestorben 1688, Gemahlin des Pfalzgrafen Ludwig Heinrich.

☐   12,8 ha
Ñ   Süden
/   35 Prozent steil, 65 Prozent hängig
🍇   60 Prozent Riesling, 40 Prozent Traminer, Ruländer
     und andere Sorten
⌁   Verlehmter Schotter.
🍷   Typische, rassige Rieslinge.
GL.   Kronenberg

Kreuznacher Kauzenberg in den Mauern: Name vom
terrassierten Teil des Kauzenberges (Kauzenburg, ehe-
maliges Schloß der Grafen von Sponheim). Eine andere
Deutung besagt, daß hier der ehemalige Festungsgürtel
mit »Mauern« gemeint sei.

☐   4,82 ha
Ñ   Süden
/   100 Prozent steil
🍇   100 Prozent Riesling
⌁   Buntsandsteinverwitterung.
🍷   Fruchtig-rassige Rieslinge mit besonderer Note.
GL.   Kronenberg

Kreuznacher Kauzenberg-Rosenhügel: Im Mittelalter bereits als »rosario« und 1880 als »Rosengarten« erwähnt; später in »Rosenhügel« umbenannt.

☐ 6,67 ha

Ⓝ Südwesten – Süden

/ 20 Prozent hängig, 80 Prozent flach

🍇 60 Prozent Müller-Thurgau, 40 Prozent Riesling und Scheurebe

⚒ Verlehmter Schotter, teilweise Lößlehm über Löß.

🍷 Blumige, feinduftige Müller-Thurgau, Riesling und Scheurebe mit schwachbetontem Sortenbukett.

GL. Kronenberg

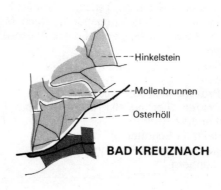

Kreuznacher Osterhöll: Name seit 1715; er wird als Osthalde des Kronenberges gedeutet.

☐ 39,4 ha

Ⓝ Süden

/ 5 Prozent steil, 60 Prozent hängig, 35 Prozent flach

🍇 60 Prozent Müller-Thurgau, 40 Prozent Riesling

⚒ Schwach sandiger Lehm.

🍷 Fruchtig-pikante Rieslinge und feine, aromatische Müller-Thurgau.

GL. Kronenberg

Kreuznacher Mollenbrunnen: 1715 »Am Mollenbrunnen«. Name geht auf die in früheren Zeiten über dem Ton austretenden Quellen zurück, in denen Molche lebten. Molche heißen im Volksmund Molle oder Molleköpp.

☐ 24,8 ha

N Südwesten – Süden

/ 15 Prozent steil, 55 Prozent hängig, 30 Prozent flach

🍇 60 Prozent Riesling, 25 Prozent Müller-Thurgau, 10 Prozent Silvaner

⌁ Lehmiger Kiesboden mit Ton durchsetzt. Eine Lößlehm-Rupeltonschicht wechselt mehrfach in diesem Distrikt. Meist sitzt der Lößlehm auf Rupelton auf.

🍷 Rassige Weine mit guter Ausprägung des Sortenbuketts.

GL. Kronenberg

Kreuznacher Hinkelstein: Name deutet auf einen Monolithen = Hünenstein, Dialekt = Hinkelstein, hin. Der Stein ist nicht mehr vorhanden. Die Lage besteht seit 1612.

☐ 34,0 ha

N Südwesten – Süden

/ 20 Prozent hängig, 80 Prozent flach

🍇 30 Prozent Silvaner, 35 Prozent Müller-Thurgau, 25 Prozent Riesling, 10 Prozent Ruländer und Scheurebe

⌁ Lehmiger Kies, der auf Tonen der Tertiärzeit aufliegt, daher auch stellenweise feinsandiger Lehm.

🍷 Feinfruchtige, würzige, aromatische Weine; bei Ruländer und Scheurebe ein fein ausgeprägtes Sortenbukett.

GL. Kronenberg

In den siebzehn Morgen
Berg
Rosenheck
Honigberg
Hungriger Wolf
Steinberg
Winzenheim
Mönchberg
Narrenkappe
Gutental
Vogelsang
Monhard
St. Martin
Forst
Brückes
Kapellenpfad
NAHE
Breitenweg
Kahlenberg   Steinweg   Krötenpfuhl
Hofgarten   **BAD KREUZNACH**

Kreuznacher Hofgarten: 1715 erstmals erwähnt als
»Hoofgarthen«, an den südlich der Lage gelegenen Pfalz-
Simmernschen Hof erinnernd. Eine zwischen Lage und
Simmernschem Hof verlaufende Straße hat den Namen
Hofgartenstraße.

☐   20,5 ha
ℕ   Süden
/   40 Prozent hängig, 60 Prozent flach
🍇   50 Prozent Riesling, 50 Prozent Müller-Thurgau,
     Silvaner und Neuzüchtungen
⚲   Schwach bis mittel verlehmter Kies der unteren
     Naheterrasse auf dem Rotliegenden der Permzeit.
⚱   Fruchtig-pikante Rieslinge und feine, aromatische
     Müller-Thurgau.
GL.   Kronenberg

Kreuznacher Kahlenberg: Anno 1499 erstmals als »Kallenberg« erwähnt: kall = kahl. Der Kahlenberg hat im Gegensatz zu den Nachbarfluren vor Anlage der Weinberge nie Wald getragen.

- ☐ 13,6 ha
- ℕ Süden
- / 90 Prozent hängig, 10 Prozent flach
- 🍇 90 Prozent Riesling, 10 Prozent andere Sorten
- 🍶 Kiesiger Lehm der unteren Naheterrasse aus der Alluvialzeit – Spitzenweinlage –.
- 🍷 Rieslinge mit Frucht und Würze und rassiger Eleganz – Spitzenweine.
- GL. Kronenberg

Kreuznacher Steinweg: Früher »Hinkelsteiner Weg« jetzt Kurzform Steinweg. Der Weg führt zum Hinkelstein, der an den Steinweg grenzt.

- ☐ 9,9 ha
- ℕ Südwesten – Süden
- / 60 Prozent hängig, 40 Prozent flach
- 🍇 80 Prozent Riesling, 20 Prozent Ruländer, Weißburgunder und Neuzüchtungen
- 🍶 Kiesiger Lehm bis lehmiger Tonboden, aufgelagert auf dem Rotliegenden der Permzeit.
- 🍷 Körperreiche, harmonische Weine mit fruchtiger Säure; Spitzenweine.
- GL. Kronenberg

Kreuznacher Forst: Forst bedeutet Wald, Herrenwald. So wurden bereits 1550 im Zinsbuch des Frauenklosters St. Peter zu Kreuznach Weinberge erwähnt. Die Lage war früher in unteren, mittleren und oberen Forst unterschieden; dies waren die verschiedenen Rodungsabschnitte.

- ☐ 20,4 ha
- ℕ Süden – Südosten
- / 100 Prozent hängig
- 🍇 90 Prozent Riesling, 10 Prozent Silvaner
- 🍶 Lehmboden, ein verlehmter Löß aus der Diluvialzeit, der auch in Trockenjahren die Reben aus dem Vollen schöpfen läßt.
- 🍷 Kräftige Weine mit angenehm betonter Säure.
- GL. Kronenberg

Kreuznacher Vogelsang: Nimmt man den Namen wörtlich, so bezeichnet er den Ort, wo die Vögel singen, Wald und Waldrand. Tatsächlich ist der Vogelsang der Waldrand des alten Forstes; seit 1532 diese Bezeichnung. Kann aber auch auf Brandrodung (sengen) zurückgeführt werden.

☐   25,1 ha

⋈   Süden – Südosten

/   50 Prozent hängig, 50 Prozent flach

🍇   40 Prozent Müller-Thurgau, 30 Prozent Silvaner, 20 Prozent Riesling

⌕   Toniger bis kiesiger Lehm der oberen Naheterrasse.

🍷   Dezente bis feinblumige Weine mit einer je nach Jahrgang markanten, fruchtigen Säure.

GL.   Kronenberg

Kreuznacher Monhard: Name in Schreibweise von 1532 Monart, was Grenzwald heißen soll. Hier wird die Waldgrenze zur Zeit der Namengebung, dem Anfang des 16. Jahrhunderts, angegeben.

☐   7,9 ha

⋈   Süden

/   50 Prozent hängig, 50 Prozent flach

🍇   90 Prozent Müller-Thurgau, 10 Prozent Silvaner

⌕   Lehmiger Ton und Löß aus dem Diluvium.

🍷   Besonders blumige, duftige Müller-Thurgau und herzhafte, saftige Silvaner.

GL.   Kronenberg

Kreuznacher Kapellenpfad: Bereits 1575 gab es einen Kappelberg = Kapellenberg, später auch eine Kappelpfad. In der Gemarkung soll eine Kapelle des Klosters Disibodenberg gestanden haben. Der Weg führte dorthin (Kappelpfad = Weg zur Kapelle).

☐   25,9 ha

⋈   Süden – Südosten

/   100 Prozent flach

🍇   50 Prozent Riesling, 50 Prozent Müller-Thurgau, Silvaner und andere Sorten

⌕   Kies – lehmiger Kies; Ablagerungen als untere Naheterrasse zwischen Steinweg und Hofgarten.

🍷   Rassige, fruchtige Rieslinge mit angenehmer Säure, blumige Müller-Thurgau und feinduftige Silvaner.

GL.   Kronenberg

Kreuznacher Krötenpfuhl: 1532 gab es bereits die Bezeichnungen »Auf« und »Am Krötenpfuhl« (Kredenpfull); seit 1832 Krötenpfuhl. Der Name weist auf den Umstand hin, daß früher in der Gewanne Lehm abgegraben wurde, wobei sich die Gruben mit Wasser füllten und mit Fröschen belebt waren. Der Flurname Froschenpfuhl kommt im Nahegebiet in sieben Gemarkungen vor.

☐   9,7 ha
Ⅳ   Süden
/   50 Prozent hängig, 50 Prozent flach
🍇   90 Prozent Riesling, 10 Prozent Müller-Thurgau
⚲   Lehm – lehmiger Kies, zum Teil solifluktiver Löß
    (= Schwemmlöß).
🍷   Besonders gut ausgeprägte, reife Rieslinge, oft als
    Spitzenqualität; die Müller-Thurgau zeigen eine
    vollreife, fruchtig-würzige Art.
GL. Kronenberg

Kreuznacher Brückes: 1476 »Im Bruckes«, Brückes = Brückgasse, wo die Brücke stand, ist heute nur Vermutung. Man nimmt an, daß an der Furt durch die Nahe, die die Römerstraße (jetzt Stromberger Straße) mit dem Kastell verband, später eine Holzbrücke erstellt wurde.

☐   19,1 ha
Ⅳ   Südosten
/   90 Prozent hängig, 10 Prozent flach
🍇   100 Prozent Riesling
⚲   Verwitterung des Rotliegenden, sandiger Lehm.
🍷   Rieslinge aus dieser Lage zeichnen sich durch besonders fruchtige Ausprägung des Buketts aus; nicht selten werden Spitzenqualitäten gewonnen.
GL. Kronenberg

Kreuznacher St. Martin: Auf frühmittelalterliches St. Martins-Patrozinium zurückgehend. 1358 bereits als »Hinter der St. Martinskirchen« angeführt. Es wird Bezug genommen auf eine vom 14. bis Anfang des 17. Jahrhunderts vorhandene Kirche auf dem Martinsberg.

☐   37,4 ha
Ⅳ   Südosten
/   30 Prozent hängig, 70 Prozent flach
🍇   60 Prozent Riesling, 30 Prozent Müller-Thurgau,
    10 Prozent andere Sorten
⚲   Lehmiger, kiesdurchsetzter Boden.

♀ Die Rieslinge ähneln denen des Brückes; auch die Müller-Thurgau und anderen Sorten zeigen eine gute, sortentypische Ausprägung.
GL. Kronenberg

Kreuznacher Breitenweg: Der Name ist alt. 1596 hießen Äcker und Weinberge an der Stromberger Straße »Braiden Weg«. Die Stromberger Straße ist die alte Römerstraße. Römerstraßen waren breiter als Feldwege und mittelalterliche Straßen, daher Breitenweg = Römerstraße.

☐ 11,6 ha
ℕ Süden – Südosten
/ 100 Prozent flach
♥ 50 Prozent Müller-Thurgau, 30 Prozent Riesling, 20 Prozent andere Sorten
⌁ Lehmboden, tiefgründig, zum Teil auf Rupelton oder Kieslagern aufliegend.
♀ Blumige, duftige Müller-Thurgau, rassige Rieslinge.
GL. Kronenberg

Kreuznacher Gutental: Distriktbezeichnung seit 1567. Es ist aber nicht nur, wie zu vermuten, ein gutes Tal = fruchtbarer Boden im Tal gemeint, sondern, wie aus Stadtakten von 1571 hervorgeht, lagen hier Güter des Klosters Disibodenberg; Gutental = Tal, in dem sich die (Kloster-)Güter befanden.

☐ 21,2 ha
ℕ Süden – Südosten
/ 50 Prozent hängig, 50 Prozent flach
♥ 70 Prozent Riesling, 15 Prozent Müller-Thurgau, 15 Prozent Silvaner und andere Sorten
⌁ Kiesiger Lehm bis Lehm.
♀ Fruchtige, rassige Rieslinge mit gewisser Eleganz, blumige, würzige Müller-Thurgau mit harmonischer Säure.
GL. Kronenberg

Kreuznacher Mönchberg: Die Lage hat seit 1476 diese Bezeichnung. Der Berg hat seinen Namen nach den Zisterziensermönchen des Klosters Eberbach, Rheingau, die am Berg einen Hof, den noch heute vorhandenen Neuhof, mit der umliegenden Fläche besaßen. Wie J. Hörter in »Die besten Setzreben . . .« Koblenz 1831,

S. 179 ff. schreibt, wurden neben Johannisberg im Rheingau auf dem Mönchberg bei Kreuznach durch die Mönche von Eberbach die ersten Spätlesen des Nahegebietes eingebracht (1776).

☐ 29,9 ha
Ⓝ Südosten – Süden
/ 60 Prozent hängig, 40 Prozent flach
🍇 70 Prozent Riesling, 15 Prozent Silvaner, 15 Prozent Müller-Thurgau
⚊ Lehm – kiesiger Lehm über Rupelton.
🍷 Die Weine zeigen einen feinen Duft bei ausgeprägter Frucht und angenehm betonter Säure.
GL. Kronenberg

Kreuznacher Narrenkappe: Narr = Nar = trockene Stelle; Kappe = Kuppe, Narrenkappe = trockene Bergkuppe. Der Name ist insofern richtig, als die Narrenkappe aus den Hunsrückschottern der oberen Mittelterrasse des Ellerbaches besteht.

☐ 30,1 ha
Ⓝ Südwesten – Süden
/ 90 Prozent hängig, 10 Prozent flach
🍇 100 Prozent Riesling
⚊ Kiesiger Lehm, feinsandiger Lehm und Gehängelehm, teilweise über Kies und Schotter.
🍷 Sortentypische Rieslinge mit rassiger Säure.
GL. Kronenberg

Kreuznacher Steinberg: Name bezieht sich auf die Bodenverhältnisse; 1900 erstmals erwähnt. Im Alleinbesitz des Weingutes August E. Anheuser. In dieser Lage stand die erste Drahtanlage, und hier ging der erste Weinbergsrodepflug in Deutschland in den 30er Jahren des vergangenen Jahrhunderts.

☐ 3,0 ha
Ⓝ Südwesten – Süden
/ 100 Prozent flach
🍇 100 Prozent Riesling
⚊ Lehmiger Kiesboden, Untergrund Ton, teilweise Lößlehm; Spitzenweine.
🍷 Sortentypische, rassige Rieslinge besonderer Prägung.
GL. Kronenberg

Kreuznacher Hungriger Wolf: 1821 »Auf dem hungrigen Wolf«. Name nach dem ehemaligen Besitzer eines verschwundenen Rasthauses (18. Jahrhundert) auf der Höhe über Narrenkappe und Steinberg. Der Name wird assoziiert mit den Symbolen für Wolf schlechthin: hungrig im eigentlichen Sinne und im Hinblick auf das Geld der Reisenden und Fuhrleute.

☐ 26,3 ha
ℕ Südwesten – Süden
/ 20 Prozent hängig, 80 Prozent flach
🍇 60 Prozent Müller-Thurgau, 40 Prozent Riesling, Silvaner und andere Sorten
⚎ Lößlehm auf Löß oder wechselweise auftretendem Rupelton.
🍷 Feinduftige Weine mit angenehmer Säure.
GL. Kronenberg

Kreuznacher In den siebzehn Morgen: Name deutet auf eine zusammenhängende, in Einzelbesitz befindliche Fläche in früherer Zeit hin.

☐ 1,94 ha
ℕ Südwesten
/ 100 Prozent flach
🍇 70 Prozent Silvaner, 30 Prozent Müller-Thurgau und andere Sorten
⚎ Überwiegend schwach verlehmter Kies.
🍷 Saftige, frische Silvaner und herzhafte Müller-Thurgau.
GL. Kronenberg

Kreuznacher Honigberg: Die in der Gemarkung Winzenheim liegende Weinbergslage ist seit 1269 als solche bekannt. Sie wurde im 15. und 16. Jahrhundert »Hohneckberg« geschrieben (= hohes Bergeck). Name gibt die örtliche Situation wieder.

☐ 20,4 ha
ℕ Süden – Südosten
/ 50 Prozent hängig, 50 Prozent flach
🍇 60 Prozent Müller-Thurgau, 30 Prozent Silvaner, 10 Prozent Ruländer
⚎ Kiesiger Lehm, Lehm und zum Teil mergeligtoniger Boden.
🍷 Volle, körperreiche Weine mit guter Sortenausprägung.
GL. Kronenberg

Kreuznacher Berg: Die Lage hieß bis zur Eingemeindung Winzenheims »Winzenheimer Berg«; er bildet die nordöstliche Fortsetzung des Honigbergs.

- ☐ 29,7 ha
- Ň Südwesten – Süden – Südosten
- / 100 Prozent hängig
- 🍇 50 Prozent Silvaner, 30 Prozent Riesling, 20 Prozent Müller-Thurgau
- ⌶ Schwerer Tonboden, im unteren Teil der Lage kiesiger Lehm – Lößlehm.
- ♉ Körperreiche Weine mit feinem Duft.
- GL. Kronenberg

Kreuznacher Rosenheck: Name deutet darauf hin, daß vor Anlage von Weinbergen hier Heckenrosen standen.

- ☐ 14,4 ha
- Ň Südosten
- / 90 Prozent hängig, 10 Prozent flach
- 🍇 70 Prozent Riesling, 30 Prozent Silvaner
- ⌶ Lehm auf Ton oder tonig-mergeliger Lehm.
- ♉ Besonders die Rieslinge aus dieser Lage ergeben in manchen Jahren Spitzenweine, rassige Weine mit feiner Frucht und harmonischer Säure.
- GL. Kronenberg

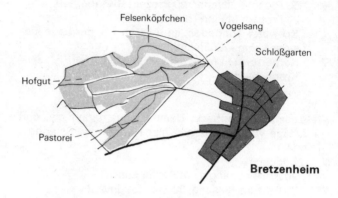

Hofgut

Felsenköpfchen

Vogelsang

Schloßgarten

Pastorei

Bretzenheim

Bretzenheimer Felsenköpfchen: Alter Flurname, der sich auf Geländeform und Bodenart bezieht.

- ☐ 33,65 ha
- Ⓝ Süden
- / 90 Prozent steil, 10 Prozent hängig
- ♣ 80 Prozent Silvaner, 20 Prozent Müller-Thurgau
- ⏚ Lehmiger Ton.
- ♉ Kräftige, herzhafte Weine.
- GL. Kronenberg

Bretzenheimer Vogelsang: Name deutet auf Brand-rodung vor Anlage der Weinberge hin oder auf die Flur vor dem Walde.

- ☐ 40,54 ha
- Ⓝ Südwesten – Süden – Südosten
- / 80 Prozent steil, 20 Prozent hängig
- ♣ 60 Prozent Riesling, 40 Prozent Silvaner, Müller-Thurgau und andere Sorten
- ⏚ Lehm – sandig-kiesiger Lehm über Kiesschotter und Löß.
- ♉ Rassige, feinblumige Weine.
- GL. Kronenberg

Bretzenheimer Hofgut: Der Name weist auf das in diesem Distrikt gelegene Besitztum des früheren Heidecker Hofes zu Bretzenheim hin.

☐   48,31 ha

N   Süden – Südosten

/   20 Prozent hängig, 80 Prozent flach

🍇   60 Prozent Silvaner, 40 Prozent Riesling und Müller-Thurgau

⚒   Lehmiger Kies – kiesiger Lehm über Kiesschotter und Löß.

🍷   Feinfruchtige Silvaner und rassige Rieslinge neben milden, fruchtigen Müller-Thurgau.

GL.   Kronenberg

Bretzenheimer Pastorei: Name deutet an, daß Fluren dieser Lage einem Kirchengut angehörten.

☐   35,15 ha

N   Südosten

/   60 Prozent steil, 40 Prozent hängig

🍇   60 Prozent Riesling, 40 Prozent Silvaner, Müller-Thurgau und Portugieser

⚒   Lehm – sandiger Lehm, kiesiger Lehm – toniger Lehm, der Boden wechselt vom Hangfuß zum Bergkopf hin.

🍷   Körperreiche Weine mit angenehm betonter Säure.

GL.   Kronenberg

Bretzenheimer Schloßgarten: Erstmals 1804 erwähnt, weist der Name auf den Besitz und die Nutzungsart der Fürsten von Bretzenheim im Schloß zu Bretzenheim hin. Mit Verkauf des dazugehörigen Zehnthofes ging er in Privatbesitz über. Die Lage befindet sich im Alleinbesitz von Philipp K. Rumpf, Weingut Schloßhof.

☐   0,41 ha

N   Süden

/   100 Prozent flach

🍇   100 Prozent Riesling

⚒   Löß (solifluktiv).

🍷   Feinduftiger Riesling mit fruchtiger Säure.

GL.   Kronenberg

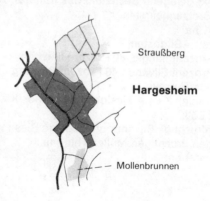

Straußberg

Hargesheim

Mollenbrunnen

Hargesheimer Straußberg: Name entstand vermutlich aus mhd. »strûz« = Strauch und weist auf den Bewuchs vor der Rodung hin.

☐   28,0 ha
Ⓝ   Süden – Südosten
/   100 Prozent hängig
🍇   60 Prozent Riesling, 40 Prozent Silvaner und Müller-Thurgau
⌁   Lehmig-kiesiger Sand.
⚱   Weine mit sortentypischer Ausprägung.
GL.   Kronenberg

Hargesheimer Mollenbrunnen: Siehe unter Bad Kreuznacher Mollenbrunnen.

☐   6,0 ha
Ⓝ   Südwesten-Süden
/   100 Prozent steil
🍇   80 Prozent Riesling, 20 Prozent Silvaner und Müller-Thurgau
⌁   Lehmiger Ton.
⚱   Kräftige Weine mit herzhafter Säure.
GL.   Kronenberg

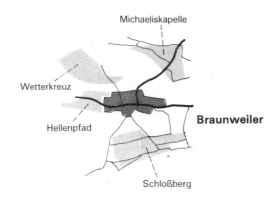

Michaeliskapelle

Wetterkreuz

Hellenpfad

Braunweiler

Schloßberg

Braunweiler Michaeliskapelle: Name in Anlehnung an den Schutzpatron der katholischen Pfarrkirche zu Braunweiler gewählt.

☐ 20,0 ha
Südwesten – Süden
/ 50 Prozent steil, 50 Prozent hängig
🍇 55 Prozent Riesling, 40 Prozent Müller-Thurgau, 5 Prozent Silvaner
⚒ Lehmiger Sand sowie Sand und Kies des Oberen Meeressandes.
♟ Herzhafte Rieslinge und saftige, fruchtige Silvaner und Müller-Thurgau.
GL. Rosengarten

Braunweiler Wetterkreuz: Der Name wurde nach einem in der Gemarkung stehenden Kreuz gewählt, das von den Geschwistern Gilsdorf am Wallfahrtsweg nach Spabrücken errichtet wurde.

☐ 16,0 ha
Süden
/ 100 Prozent flach
🍇 80 Prozent Müller-Thurgau, 20 Prozent Silvaner, Kerner, Scheurebe, Optima, Bacchus
⚒ Verlehmter, sandiger Kies des Oberen Meeressandes.

Y Blumige, fruchtige Müller-Thurgau und herzhafte Silvaner. Neuzüchtungen wie Kerner, Scheurebe, Bacchus und Optima sind sortentypisch ausgeprägt.
GL. Rosengarten

Braunweiler Hellenpfad: Hellenpfad = Haldenpfad, entspricht der steilen Hanglage.
☐ 12,0 ha
N Süden
/ 90 Prozent steil, 10 Prozent hängig
🍇 55 Prozent Riesling, 40 Prozent Müller-Thurgau, 5 Prozent Silvaner
⊥ Schwachlehmiger Sand und Kies sowie sandig- und steinig-grusiger Lehm.
Y Die Weine besitzen einen sehr fruchtigen Charakter.
GL. Rosengarten

Braunweiler Schloßberg: Der Name wurde in Anlehnung an das Mandeler Schloß der Herren von Koppenstein gewählt, die hier begütert waren.
☐ 25,0 ha
N Süden – Südosten
/ 20 Prozent steil, 80 Prozent flach
🍇 100 Prozent Müller-Thurgau
⊥ Lehmig-grusiger Sand sowie Sande und Kiese des Unteren Meeressandes.
Y Feinduftige, fruchtige Müller-Thurgau mit angenehmer Säure.
GL. Rosengarten

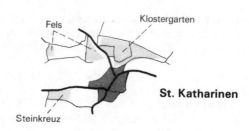

St. Kathariner Fels: Die Lage mit der Bezeichnung »Fels« umfaßt die Flurstücke III und IV der Flur 1. Der Name nimmt Bezug auf den in der Nachbarschaft anstehenden roten Sandstein der Kreuznacher Schichten. Früher waren diese unter der Bezeichnung »An der Roten Hecke« registriert.

☐ 5,2 ha

ℕ Südosten – Süden

/ 60 Prozent steil, 40 Prozent flach

🍇 60 Prozent Riesling, 20 Prozent Scheurebe, 20 Prozent Müller-Thurgau

⚲ Sandiger Lehm über rotem Sandstein der Kreuznacher Schichten.

🍷 Typisches Sortenbukett bei rassiger Säure.

GL. Rosengarten

St. Kathariner Klostergarten: Der Name ist in Anlehnung an das ehemalige Zisterzienserinnenkloster St. Katharinental gewählt, dem der Ort seine Entstehung verdankt. Das Kloster bestand von 1219–1574, dann bildete sich der Ort.

☐ 11,3 ha

ℕ Süden

/ 50 Prozent steil, 50 Prozent flach

🍇 40 Prozent Riesling, 40 Prozent Müller-Thurgau, 20 Prozent Scheurebe und Silvaner

⚲ Sandig-kiesiger, zum Teil grusiger Lehm über Waderner Schichten.

🍷 Im Sortentypus gut ausgeprägte Weine.

GL. Rosengarten

St. Kathariner Steinkreuz: Der Name nimmt Bezug auf das an der Straße nach Braunweiler stehende Steinkreuz.

☐ 4,86 ha

ℕ Süden

/ 50 Prozent hängig, 50 Prozent flach

🍇 85 Prozent Müller-Thurgau, 15 Prozent Silvaner und Scheurebe

⚲ Lehmiger Ton-Lehm.

🍷 Die Müller-Thurgau-Weine zeigen eine feine Blume und besitzen eine feine Würze. Scheurebenweine zeigen eine gute Sortenausprägung bei rassiger Säure.

GL. Rosengarten

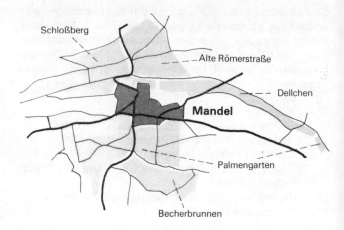

Schloßberg

Alte Römerstraße

Dellchen

Mandel

Palmengarten

Becherbrunnen

Mandeler Alte Römerstraße: Der Name lehnt sich an die nördlich des Ortes verlaufende ehemalige Römerstraße an, die im Volksmund »Die alte Straß« genannt wird.

☐ 20,0 ha

Ⓝ Süden – Südosten

/ 10 Prozent hängig, 90 Prozent flach

🍇 90 Prozent Müller-Thurgau, 10 Prozent Riesling und Silvaner

⌇ Sandiger Lehm – Lehm über Löß.

🍷 Blumige, fruchtige Müller-Thurgau und saftige, feinduftige Silvaner.

GL. Rosengarten

Mandeler Schloßberg: Die Lage hat einen neugewählten Namen und umfaßt alle alten Lagen nordwestlich des Ortes.

☐ 30,0 ha

Ⓝ Süden – Südosten

/ 30 Prozent hängig, 70 Prozent flach

🍇 65 Prozent Müller-Thurgau, 35 Prozent Riesling, Silvaner, Morio Muskat, Huxel und Weißburgunder

⌇ Sande und Kiese wechseln in kiesige, sandige Lehme und steinig-grusige Lehme über.

144

Ⴤ   Gute Ausprägung des Sortenbuketts; mit Ausnahme des Müller-Thurgau besitzen die Sorten
eine angenehm betonte Säure.
GL.   Rosengarten

Mandeler Delichen: Bodensenkung, Talmulde. Alter
Lagennamen, der auf die Geländegestaltung hinweist;
seit 1969 für eine größere Fläche namensgebend.

☐   15,0 ha
Ŋ   Süden – Südwesten
/   50 Prozent hängig, 50 Prozent flach
🍇   70 Prozent Müller-Thurgau, 30 Prozent Riesling,
Silvaner, Morio Muskat
⌥   Tiefgründiger Lehm über Löß.
Ⴤ   Weine mit feiner Blume, würzig.
GL.   Rosengarten

Mandeler Palmengarten: Vermutlich ehemaliger Standort
des Buchsbaumes (Buxus sempervirens), dessen Zweige
als Palmersatz für Palmsonntag verwendet wurden. Die
1970 vergrößerte Fläche schließt u. a. die alten Klein-
lagen »Im Palmengarten« und »Am Palmengarten« ein.

☐   40,0 ha
Ŋ   Süden – Südosten
/   70 Prozent hängig, 30 Prozent flach
🍇   50 Prozent Müller-Thurgau, 50 Prozent Riesling
und Silvaner
⌥   Teils Sande und Kiese in schwacher Verlehmung,
teils Mergel und Tonmergel sowie Lößlehm.
Ⴤ   Frische, lebendige Weine mit ansprechender Säure.
GL.   Rosengarten

Mandeler Becherbrunnen: Frühere Schreibweise »Bä-
cher-Brunnen«. Ob die Bedeutung von Bach oder Becher
= Bodenvertiefung abzuleiten ist, ist nicht feststellbar.

☐   20,0 ha
Ŋ   Südwesten – Süden
/   10 Prozent steil, 30 Prozent hängig, 60 Prozent flach
🍇   50 Prozent Müller-Thurgau, 50 Prozent Riesling,
Silvaner und andere Sorten
⌥   Sande und Kiese sowie Mergel und Tonmergel.
Ⴤ   Blumige, duftige Weine mit angenehmer Säure.
GL.   Rosengarten

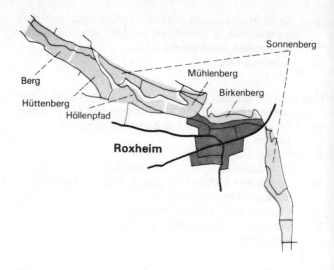

Roxheimer Berg: Alte Lagebezeichnung, die Hängigkeit bezeichnend.

☐ 15,4 ha

Ñ Südwesten

/ 100 Prozent hängig

🍇 50 Prozent Silvaner, 30 Prozent Riesling, 20 Prozent Müller-Thurgau

🍷 Sandiger Lehm – Lehm, teils steinig-grusiger Lehm.

🍸 Rassige Weine mit feiner Frucht.

GL. Rosengarten

Roxheimer Hüttenberg: Alte Lagebezeichnung, die Hängigkeit und vermutlich die Existenz einer Hütte andeutend.

☐ 13,67 ha

Ñ Süden

/ 50 Prozent steil, 50 Prozent hängig

🍇 50 Prozent Silvaner, 30 Prozent Müller-Thurgau, 20 Prozent Riesling

🍷 Sandiger Lehm – Lehm.

🍸 Feinduftige, zum Teil würzige Weine.

GL. Rosengarten

146

Roxheimer Sonnenberg: Name nimmt Bezug auf die günstige Südlage und die damit verbundene verstärkte Sonneneinstrahlung.

- ☐ 39,9 ha
- N̄ Südwesten – Süden
- / 10 Prozent hängig, 90 Prozent flach
- ❦ 60 Prozent Silvaner, 30 Prozent Müller-Thurgau, 10 Prozent andere Sorten
- ⌇ Sandig-kiesiger Lehm – Kies.
- ⚱ Lebendige, frische Silvaner und blumige Müller-Thurgau.
- GL. Rosengarten

Roxheimer Höllenpfad: Hölle = Halde = Hang. Höllenpfad gleiche Bedeutung wie in »Braunweiler Hellenpfad«; alte Lagebezeichnung.

- ☐ 13,5 ha
- N̄ Südwesten – Süden
- / 80 Prozent steil, 20 Prozent hängig
- ❦ 80 Prozent Riesling, 20 Prozent Müller-Thurgau
- ⌇ Sandiger Lehm – Lehm (Hanglehm).
- ⚱ Typische Rieslinge von feiner Rasse und blumige, frische Müller-Thurgau.
- GL. Rosengarten

Roxheimer Mühlenberg: Name nimmt Bezug auf die im Tal liegende Rollarsmühle.

- ☐ 10,0 ha
- N̄ Südwesten – Süden – Südosten
- / 80 Prozent steil, 20 Prozent hängig
- ❦ 60 Prozent Riesling, 20 Prozent Silvaner, 20 Prozent Müller-Thurgau
- ⌇ Stark bis schwach sandiger Lehm.
- ⚱ Sortentypische, rassige Rieslinge und feinduftige Silvaner neben würzigen Müller-Thurgau.
- GL. Rosengarten

Roxheimer Birkenberg: Alte Lagebezeichnung, die auf den Bewuchs vor Anlage von Weinbergen Bezug nimmt.

- ☐ 6,2 ha
- N̄ Süden
- / 100 Prozent steil
- ❦ 100 Prozent Riesling
- ⌇ Sandiger Lehm, lehmiger Sand
- ⚱ Standorttypische, markante Rieslinge.
- GL. Rosengarten

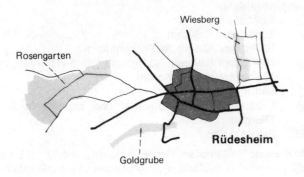

Wiesberg

Rosengarten

Rüdesheim

Goldgrube

Rüdesheimer Wiesberg: Alte Bezeichnung »Wiesenberg«
= Berg an den Wiesen.
- ☐ 14,0 ha
- N Südwesten – Süden
- / 10 Prozent steil, 10 Prozent hängig, 80 Prozent flach
- 🍇 50 Prozent Silvaner, 50 Prozent Riesling,
  Müller-Thurgau und andere Sorten
- ⌙ Schwach sandiger Lehm – Lehm.
- ⅄ Frische, saftige Silvaner und feinduftige Rieslinge.
- GL. Rosengarten

Rüdesheimer Goldgrube: Der Name bezieht sich vermutlich auf das Vorkommen von Katzengold (glimmerhalti-
ger Boden) oder auf einen Boden, der großen Gewinn
abwirft. Die Lage bildet ein Teilstück des früheren »Kes-
selberges«.
- ☐ 12,0 ha
- N Südwesten – Süden
- / 2 Prozent hängig, 98 Prozent flach
- 🍇 60 Prozent Müller-Thurgau, 40 Prozent Silvaner
  und andere Sorten
- ⌙ Sandiger Lehm – Lehm.
- ⅄ Blumige Müller-Thurgau und feinduftige Silvaner
  mit angenehmer Säure.
- GL. Rosengarten

148

Rüdesheimer Rosengarten: Deutet das Vorkommen von Rosenhecken vor Erstellung der Weinberge an.

☐ 46,0 ha

ℕ Süden – Südosten

/ 10 Prozent hängig, 90 Prozent flach

🍇 90 Prozent Müller-Thurgau, 10 Prozent Silvaner und andere Sorten

🍶 Schwach sandiger Lehm.

🍷 Müller-Thurgau und Silvaner häufig im Verschnitt als blumige, saftige Weine mit abgerundeter Säure.

GL. Rosengarten

Einzellagenfrei

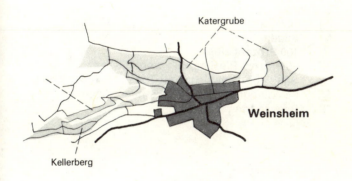

Weinsheimer Katergrube: Der Name will auf eine gut erwärmbare Geländemulde hinweisen. Er schließt jetzt eine größere Fläche mit hängigen bis steilen Lagen ein.

☐ 40,0 ha

ℕ Südwesten – Süden

/ 20 Prozent steil, 50 Prozent hängig, 30 Prozent flach

🍇 48 Prozent Müller-Thurgau, 42 Prozent Silvaner, 10 Prozent Riesling

🍶 Sandiger, steiniger, kiesiger Lehm.

🍷 Saftige, fruchtige Weine mit feiner Säure.

GL. Rosengarten

Weinsheimer Kellerberg: Alte Flur- und Lagebezeichnung aufgrund eines Stollens, eines Bergwerkes (hier Stollen = Keller). 1774 wurden pro Jahr 3445 Zentner Erz gefördert, aus dem 788 Pfund und 30 Lot Quecksilber gewonnen wurden. 1798 wurde das Gewerk aufgelassen.

☐   22,0 ha
N   Süden – Südosten
/   90 Prozent steil, 10 Prozent hängig
🍇   90 Prozent Riesling, 10 Prozent Silvaner
⚰   Sandig-toniger Lehm sowie steiniger Lehm (Ranker).
🍷   Die Rieslinge zeigen eine gute sortentypische Ausprägung; die Silvaner sind feinduftig mit angenehmer Säure.
GL.   Rosengarten

Weinsheimer Steinkaut: Deutet die frühere gewerbliche Nutzung des Geländes an. Steinkaut = Steingrube = Steinbruch.

☐   10,0 ha
N   Süden
/   100 Prozent steil
🍇   95 Prozent Riesling, 5 Prozent Silvaner
⚰   Sandiger Lehm, lehmiger Ton auf Schiefertonen.
🍷   Feinduftige Rieslinge mit kerniger Säure.
GL.   Rosengarten

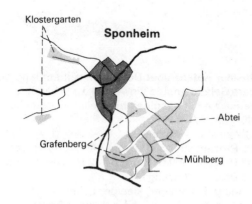

Sponheimer Mühlberg: Name in Anlehnung an die Mühlen Ackermannsmühle und Klostermühle am Fuße des Berges.

- ☐ 14,0 ha
- Ñ Süden – Südosten
- / 50 Prozent steil, 50 Prozent hängig
- ❦ 50 Prozent Silvaner, 50 Prozent Müller-Thurgau und andere Sorten
- ↓ Lehm – sandig-kiesiger Lehm.
- ☲ Saftige, frische Silvaner und fruchtige, würzige Müller-Thurgau.
- GL. Rosengarten

Sponheimer Abtei: Die Lage grenzt im Westen an die Lage »Mühlberg« und war vermutlich im Besitz des Klosters Sponheim (12.–16. Jahrhundert).

- ☐ 25,0 ha
- Ñ Süden – Südosten
- / 30 Prozent hängig, 70 Prozent flach
- ❦ 50 Prozent Müller-Thurgau, 50 Prozent Silvaner und Scheurebe
- ↓ Lehm – sandig-kiesiger Lehm.
- ☲ Fruchtige, würzige Müller-Thurgau, saftige Silvaner und ausgeprägte Scheureben.
- GL. Rosengarten

Sponheimer Grafenberg: Der Name läßt früheren Besitzstand der Grafen von Sponheim vermuten.

- ☐ 14,0 ha
- Ñ Südwesten – Süden – Südosten
- / 100 Prozent steil
- ❦ 50 Prozent Riesling, 50 Prozent Müller-Thurgau und Silvaner
- ↓ Sandig-kiesige bis steinig-grusige Lehme, zum größten Teil über Sandsteinen, zum geringeren Teil, besonders im Norden der Lage, über Rhyolithen und unterrotliegenden Sedimentgesteinen.
- ☲ Ausgeprägte, markante Rieslinge und fruchtige Silvaner und Müller-Thurgau.
- GL. Rosengarten

Sponheimer Klostergarten: Die Lage liegt westlich des ehemaligen Klosters Sponheim und deutet ihre früheren Besitzverhältnisse und die Nutzungsart an.

◻   8,0 ha
ℕ   Südwesten – Süden
/   100 Prozent steil
🍇   50 Prozent Silvaner, 50 Prozent Müller-Thurgau
      und Riesling
🍶   Sandig-steiniger bis kiesiger Lehm, zum Teil ge-
      röllführend über bunten (rot-rotviolett) Sandsteinen
      der sogenannten »Sponheimer Schichten«.
🍷   Sortentypische Weine mit feiner Frucht und ange-
      nehm betonter Säure.
GL.   Rosengarten

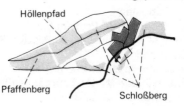

Burgsponheim

Höllenpfad

Pfaffenberg   Schloßberg

Burgsponheimer und Sponheimer Schloßberg: Die Lage
ist neu abgegrenzt. Zu ihr gehören die früheren Lagen
»Auf der langen Bein«, »Auf dem Flutgraben«, »Im Born-
weg«, »Im Ferckertsacker«. Name in Anlehnung an die
Burg der Grafen von Sponheim deutbar.
◻   10,5 ha
ℕ   Süden – Südosten
/   95 Prozent steil, 5 Prozent hängig
🍇   80 Prozent Riesling, 20 Prozent Müller-Thurgau
      und Silvaner
🍶   Sandige Lehme, zum Teil steinig.
🍷   Ausgeprägte, fruchtige Weine mit angenehm be-
      tonter Säure.
GL.   Rosengarten

Burgsponheimer Höllenpfad: Namensdeutung siehe unter Braunweiler und Roxheim.

- ☐ 12,5 ha
- Ň Süden
- / 70 Prozent steil, 30 Prozent hängig
- 🍇 60 Prozent Riesling, 40 Prozent Müller-Thurgau, Silvaner
- ⌙ Sandig-steinige, teils tonige Lehme über den Disibodenberger Schichten.
- ♉ Ausgeprägte Rieslinge, fruchtige, frische Müller-Thurgau und Silvaner.
- GL. Rosengarten

Burgsponheimer Pfaffenberg: Der Name weist auf den ehemaligen Besitz des Klosters Sponheim hin.

- ☐ 9,5 ha
- Ň Süden
- / 80 Prozent steil, 20 Prozent hängig
- 🍇 50 Prozent Riesling, 50 Prozent Müller-Thurgau und Silvaner
- ⌙ Im westlichen Teil der Lage sandige, steinige, zum Teil schiefrige Lehme, sonst sandig-steinige Lehme.
- ♉ Gute Sortenausprägung bei feiner Frucht.
- GL. Rosengarten

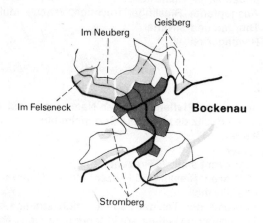

Geisberg

Im Neuberg

Im Felseneck

Bockenau

Stromberg

Bockenauer Stromberg: Das Bestimmungswort in allen
Strombergnamen ist ungeklärt, deutet aber fast immer
auf frühgeschichtliche Siedlungen hin. Auch hier sind,
durch Funde nachweisbar, Siedlungen der Kelten und
Römer gewesen.

☐   15,0 ha
Ͷ   Südwesten
/   80 Prozent steil, 15 Prozent hängig, 5 Prozent flach
🍇   70 Prozent Riesling, 30 Prozent Müller-Thurgau
     und Silvaner
⚲   Sandig-steiniger bis toniger Lehm.
⚱   Standorttypische Sortenausprägung.
GL.   Rosengarten

Bockenauer Geisberg: Der Name deutet an, daß die Fläche vor Anlage von Weinbergen als Weide genutzt wurde.

☐   15,0 ha
🧭   Süden – Südosten
/   50 Prozent steil, 50 Prozent hängig
🍇   65 Prozent Silvaner, 35 Prozent Müller-Thurgau und Weißburgunder
⚒   In der Lage wechselt der Boden in Ost-West-Richtung, steinig-grusiger Lehm über Waderner Schichten mit Lehm-Lößlehm über Löß.
🍷   Feinduftige, saftige Silvaner und blumige Müller-Thurgau.
GL.   Rosengarten

Bockenauer Im Neuberg: Altüberlieferte Bezeichnung einer Teilflur der jetzt erweiterten Lage, die auf das stark hängige Gelände Bezug nimmt.

☐   9,0 ha
🧭   Süden
/   100 Prozent steil
🍇   90 Prozent Riesling, 10 Prozent Silvaner
⚒   Steinig-kiesiger, grusiger Lehm über Waderner Schichten.
🍷   Rassige, kräftige Rieslinge und saftige, frische Silvaner.
GL.   Rosengarten

Bockenauer Im Felseneck: Alter Flurname in Anlehnung an das Gestein der Waderner Schichten, das in dem steilen Hang ansteht, entstanden.

☐   5,0 ha
🧭   Südwesten – Süden
/   100 Prozent steil
    100 Prozent Riesling
⚒   Am Fuße der Lage Lehm über Löß, sonst steinig-grusiger Lehm über Waderner Schichten.
🍷   Rassige, kräftige Rieslinge und saftige Silvaner.
GL.   Rosengarten

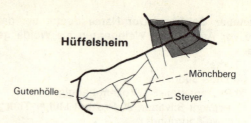

Hüffelsheim

Mönchberg

Gutenhölle

Steyer

Hüffelsheimer Mönchberg: Name gewählt in Erinnerung an den Besitz der Klöster Lorsch, Fulda, Prüm und Disibodenberg in Gemarkung und Ort.

☐   11,7 ha

N   Südwesten

/   20 Prozent steil, 60 Prozent hängig, 20 Prozent flach

🍇   90 Prozent Riesling und Silvaner, 10 Prozent Müller-Thurgau

⚱   Lehmiger Ton.

🍷   Fruchtige, würzige Weine mit markanter Säure.

GL.   Rosengarten

Hüffelsheimer Steyer: Alt überlieferter Name, wobei Steyer = Fels, steil ansteigender Berg bedeutet.

☐   9,1 ha

N   Süden – Südosten

/   100 Prozent hängig

🍇   60 Prozent Müller-Thurgau, 40 Prozent Riesling und Silvaner

⚱   Steiniger, grusiger Lehm über Rhyolith und Geröllschutt des Rotliegenden.

🍷   Feine Bukettausprägung des Müller-Thurgau und Rieslinge mit feinfruchtiger Eleganz.

GL.   Rosengarten

Hüffelsheimer Gutenhölle: Hölle = Halde. Alte Lage im Hang, erbringt gute Weine = Gutenhölle.

☐   12,7 ha

N   Südwesten – Süden

/   50 Prozent steil, 30 Prozent hängig, 20 Prozent flach

🍇   60 Prozent Riesling, 40 Prozent Müller-Thurgau, Silvaner und andere Sorten

⚱   Gesteinsverwitterungsboden = steinig-grusiger Lehm.

♀ Typische Sortenausprägung bei angenehm betonter Säure.
GL. Rosengarten

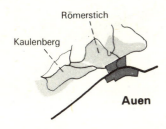

Auener Kaulenberg: Kaule = Kuhle = Grube; Kaulenberg = Berg mit Vertiefungen, also Gruben, die durch Steinebrechen entstanden sind.
☐   8,0 ha
N   Süden – Südosten
/   23 Prozent steil, 14 Prozent hängig, 63 Prozent flach
🍇 70 Prozent Silvaner, 10 Prozent Riesling,
     20 Prozent Müller-Thurgau
⌁   Steinig-grusiger Lehm über Quarzporphyr.
♀   Saftige, feinduftige Silvaner, rassige Art der Rieslinge und blumige Müller-Thurgau mit angenehmer Säure.
GL. Paradiesgarten

Auener Römerstich: Stich = Stieg, Anstieg, Berghang. Römerstich = Berghang, der in Erinnerung an die in der Nähe vorbeiführende Römerstraße so benannt wurde.
☐   13,0 ha
N   Südwesten – Süden – Südosten
/   23 Prozent steil, 14 Prozent hängig, 63 Prozent flach
🍇 70 Prozent Silvaner, 10 Prozent Riesling,
     20 Prozent Müller-Thurgau
⌁   Schieferton, Lette und Gehängelehm.
♀   Frische, fruchtige Weine mit angenehm betonter Säure.
GL. Paradiesgarten

157

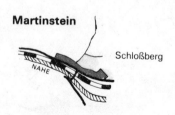

Martinstein

Schloßberg

NAHE

Martinsteiner Schloßberg: Name lehnt an die 1340 von Erzbischof Heinrich von Mainz in Martinstein errichtete Burg an.

☐ 4,0 ha

N̈ Südwesten – Süden

/ 50 Prozent steil, 40 Prozent hängig, 10 Prozent flach

🍇 80 Prozent Riesling, 20 Prozent Silvaner und Müller-Thurgau

🎚 Lehmiger Sand, sandiger Lehm und Lehm mit steinig-schiefrigen Anteilen über Sandsteinen und Schiefertonen und Konglomeraten.

🍷 Herzhafte Weine mit betonter Säure.

GL. Paradiesgarten

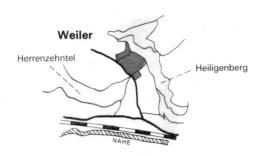

Weilerer Herrenzehntel (bei Monzingen): Name nimmt Bezug auf den Zehnten aus dieser Lage, der den Grundherren von Heinzenberg abgeliefert werden mußte.

☐ 35,0 ha
Ñ Süden
/ 20 Prozent steil, 80 Prozent hängig
🍇 60 Prozent Riesling, 20 Prozent Silvaner, 20 Prozent Müller-Thurgau
⚱ Ranker = steinig-grusige Lehme und Braunerden, teils sauer, teils basenreich.
🍷 Durch den Standort beeinflußte Geschmacksprägung der Weine.
GL. Paradiesgarten

Weilerer Heiligenberg: Der Name drückt die religiöse Einstellung der Bevölkerung aus. Die Lage besteht seit 1969 aus den Gewannen der Fluren 4, 5, 6 und 9.

☐ 25,0 ha
Ñ Süden – Südwesten
/ 100 Prozent hängig
🍇 50 Prozent Riesling, 20 Prozent Silvaner, 30 Prozent Müller-Thurgau und andere Sorten
⚱ Fünf verschiedene Ausgangsgesteine lieferten die Böden: vom sandigen bis steinig-grusigen Lehm und Ton.
🍷 Die Vielfalt der Böden verleiht den Sorten eine entsprechende Ausprägung und Note.
GL. Paradiesgarten

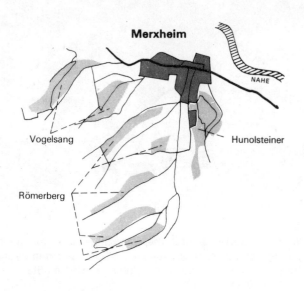

Merxheim

Vogelsang

NAHE

Hunolsteiner

Römerberg

Merxheimer Hunolsteiner: Name weist auf die vom 15.
bis 18. Jahrhundert in Merxheim ansässigen und begüterten Vögte von Hunolstein hin.

☐   40,0 ha

N   Südwesten – Süden

/   80 Prozent steil, 20 Prozent hängig

🍇   60 Prozent Riesling, 40 Prozent Müller-Thurgau,
Silvaner und andere Sorten

⚐   Sandiger, kiesiger bis steiniger Lehm über Sand
und arkosigen Sandsteinen und Konglomeraten.

🍷   Rassige, fruchtige Rieslinge mit besonderer Note,
blumige, duftige, frische Müller-Thurgau.

GL.   Paradiesgarten

Merxheimer Vogelsang: Sang von = Sängen, Brennen,
Brandrodung oder Flur vor dem Walde. Die Lage um-
faßt jetzt die alten Flure »Hinter Bergen«, »Kletterens«,
»Am Aspersberg«.

☐   22,0 ha

N   Südosten

/   20 Prozent steil, 80 Prozent hängig

🍇 70 Prozent Riesling, 30 Prozent Silvaner,
Müller-Thurgau, Ruländer, Scheurebe sowie
Neuzüchtungen
⚒ Sandig-kiesiger Lehm über Sandsteinen und Schie-
frische Silvaner und blumige Müller-Thurgau neben
fertonen.
🍷 Feinfruchtige Rieslinge mit rassiger Säure; saftige,
sortenbetonten Scheureben.
GL. Paradiesgarten

Merxheimer Römerberg: Der Name nimmt Bezug auf die
in der Nähe verlaufende alte Römerstraße. Die Lage besteht aus fünf Teilstücken und umfaßt Stücke der Fluren
21 und 34.
☐ 20,0 ha
ℕ Südosten
/ 30 Prozent steil, 70 Prozent hängig
🍇 60 Prozent Riesling, 40 Prozent Müller-Thurgau,
Silvaner und andere Sorten
⚒ Sandig, kiesig-steiniger Lehm über Sand, Sandstein und Konglomeraten.
🍷 Rieslinge mit gut geprägtem Sortenausdruck, feinduftige, würzige Müller-Thurgau und Silvaner.
GL. Paradiesgarten

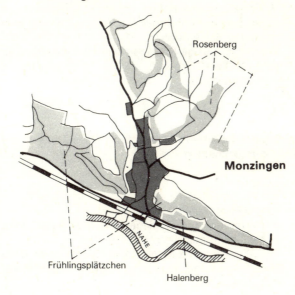

Rosenberg

Monzingen

NAHE

Frühlingsplätzchen

Halenberg

Monzingener Frühlingsplätzchen: Der Name deutet auf die Nähe der Frühjahrsweide oder/und auf eine frühe Erwärmung des Bodens zu Beginn des Jahres.

☐ 117,0 ha

Ⲡ Südwesten – Süden

/ 70 Prozent steil, 20 Prozent hängig, 10 Prozent flach

🍇 70 Prozent Riesling, 30 Prozent Müller-Thurgau und andere Sorten

⌇ Gehängelehm der Verwitterung des Rotliegenden = sandiger, steiniger Lehm über Sandsteinen, Konglomeraten und Schiefertonen, teilweise Terrassenkies.

🍷 Vollmundige, sortentypische Weine mit angenehmer Säure.

GL. Paradiesgarten

Monzingener Rosenberg: Deutet auf starken Bewuchs mit Rosen vor der Rodung.

☐ 73,0 ha

Ⲡ Südwesten – Süden

/ 80 Prozent steil, 20 Prozent hängig

🍇 85 Prozent Riesling, 15 Prozent Müller-Thurgau

⌇ Verwitterung des Rotliegenden = sandig-steiniger Lehm und Lößlehm über Sandsteinen, Konglomeraten und Schiefertonen.

🍷 Fruchtige, rassige Rieslinge und blumige, würzige, milde Müller-Thurgau.

GL. Paradiesgarten

Monzingener Halenberg: Steile Berglage. »Halen« vermutlich Verstümmelung von kahl.

☐ 3,0 ha

Ⲡ Süden

/ 100 Prozent steil

🍇 100 Prozent Riesling

⌇ Verwitterung des Rotliegenden, Hanglehm, zum Teil mit sandigen, steinigen Anteilen.

🍷 Fruchtige, rassige Rieslinge mit besonderer Note (was bereits Joh. Wolfgang v. Goethe feststellte).

GL. Paradiesgarten

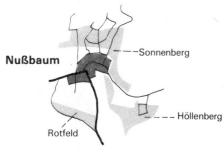

Nußbaumer Sonnenberg: Hinweis auf günstige Sonneneinstrahlung.

☐   7,0 ha
Ñ   Südwesten – Süden
/   100 Prozent hängig
🍇   100 Prozent Riesling
⚱   Stark- und schwach-lehmiger Sand – sandiger
    Lehm (Ranker, basenreiche und saure Braun-
    erden).
Ⴤ   Herzhafte Rieslinge mit betonter Säure (eignen
    sich besonders für Versektung).
GL. Paradiesgarten

Nußbaumer Höllenberg: Hölle = Halde, steiler Hang.
Frühere Bezeichnung »Im Höllenberg«.

☐   9,0 ha
Ñ   Südwesten – Süden
/   90 Prozent steil, 10 Prozent hängig
🍇   100 Prozent Riesling
⚱   Schwach lehmiger Sand – sandiger Lehm.
Ⴤ   Fruchtige Rieslinge mit markanter Säure (gut für
    Sektherstellung geeignet).
GL. Paradiesgarten

Nußbaumer Rotfeld: Name deutet auf Rodung. Frühere
Bezeichnungen »Am Rotfeld« und »Im Rotfelder Rech«.

☐   7,0 ha
Ñ   Süden
/   80 Prozent steil, 20 Prozent hängig
🍇   96 Prozent Riesling, 4 Prozent andere Sorten
⚱   Schwachlehmiger Sand – sandiger Lehm.
Ⴤ   Die Weine sind von rassiger, fruchtiger Art (gut ge-
    eignet für die Versektung).
GL. Paradiesgarten

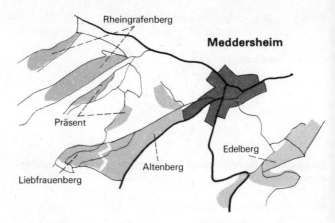

Meddersheimer Rheingrafenberg: Bekannteste Lage der Gemarkung, deren Name an die Beziehung des Ortes Meddersheim zu den Rheingrafen anknüpft.

☐ 35,0 ha

Ⓝ Südosten

/ 90 Prozent steil, 10 Prozent hängig

🍇 95 Prozent Riesling, 5 Prozent Kerner und Scheurebe

⬇ Sandiger Lehm – steinig-grusiger Lehm. In der Lage ein Wechsel und Übergang von Verwitterungsprodukten aus Schieferton, arkosigen Sandsteinen und Konglomeraten.

♉ Fruchtige, rassige Rieslinge mit besonderer Note. Kerner und Scheurebe zeigen ein gut entwickeltes Sortenbukett.

GL. Paradiesgarten

Meddersheimer Präsent: Der Name war als Distriktbezeichnung in der Gemarkung vorhanden. Etymologisch ist er nicht deutbar.

☐ 12,0 ha

Ⓝ Südosten

/ 100 Prozent hängig

🍇 60 Prozent Riesling, 40 Prozent Silvaner, Müller-Thurgau und andere Sorten

⬇ Toniger Lehmboden.

♉ Feinduftige, herzhafte Rieslinge und blumige Müller-Thurgau.

GL. Paradiesgarten

Meddersheimer Liebfrauenberg: Bezeichnung deutet auf kirchliche Besitzrechte. Die Lage liegt mit 300 m über NN verhältnismäßig hoch.

- ☐ 15,0 ha
- ⋈ Südosten
- / 100 Prozent steil
- 🍇 100 Prozent Riesling
- ↧ Schwach sandiger Lehm und lehmiger Sand.
- ♆ Hier prägt der Wechsel der Böden aus Schieferton und Sandstein die Besonderheit der verschiedenen Weine mit.
- GL. Paradiesgarten

Meddersheimer Altenberg: Name etymologisch nicht deutbar.

- ☐ 40,0 ha
- ⋈ Südosten
- / 90 Prozent steil, 10 Prozent hängig
- 🍇 70 Prozent Riesling, 30 Prozent Müller-Thurgau und andere Sorten
- ↧ Lehmiger Sandboden.
- ♆ In der Sortenart gut ausgeprägte Weine mit viel Spiel.
- GL. Paradiesgarten

Meddersheimer Edelberg: Name ist etymologisch nicht deutbar.

- ☐ 25,0 ha
- ⋈ Südosten – Süden
- / 10 Prozent steil, 90 Prozent hängig
- 🍇 70 Prozent Riesling, 30 Prozent Müller-Thurgau und andere Sorten
- ↧ Toniger Lehm.
- ♆ Herzhafte Rieslinge mit betonter Säure und würzige Müller-Thurgau mit angenehmer Säure.
- GL. Paradiesgarten

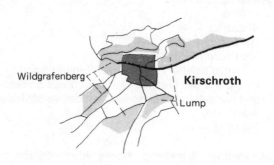

Wildgrafenberg

Kirschroth

Lump

Kirschrother Wildgrafenberg: Der Name knüpft an die
Beziehungen des Ortes Kirschroth zu den Wildgrafen an.
Die Lage zählt mit zu den steilsten Lagen der Nahe.
- ☐ 22,0 ha
- N Süden – Südosten
- / 90 Prozent steil, 10 Prozent hängig
- 🍇 100 Prozent Riesling
- ⚑ Sandige Lehme über Sandsteinen und Schiefertonen.
- ⚱ Auf diesem Boden erfährt der Riesling eine besondere Ausprägung, die er auch bei längerem Flaschenlager beibehält.
- GL. Paradiesgarten

Kirschrother Lump: Name ist etymologisch nicht deutbar.
- ☐ 20,0 ha
- N Süden – Südosten
- / 95 Prozent steil, 5 Prozent hängig
- 🍇 90 Prozent Riesling, 10 Prozent Müller-Thurgau,
  Kerner, Auxerrois, Bacchus
- ⚑ Stark verlehmter Sand.
- ⚱ Gute sortentypische, charakteristische Ausprägung
  der Sortenbukette.
- GL. Paradiesgarten

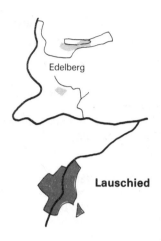

Lauschied

Lauschieder Edelberg: Name ist etymologisch nicht deutbar.

- ☐ 6,0 ha
- ℕ Süden
- / 100 Prozent steil
- 🍇 70 Prozent Riesling, 25 Prozent Müller-Thurgau, 5 Prozent Silvaner
- ⬇ Tonschieferverwitterung.
- ♀ Feinduftige und feinblumige Weine mit zum Teil betonter Säure.
- GL. Paradiesgarten

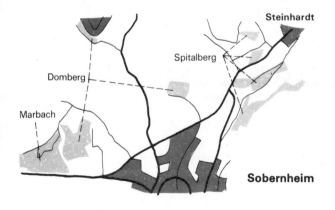

Sobernheimer Marbach: Name ist etymologisch nicht deutbar.

☐   14,6 ha

Ⓝ   Süden

/   100 Prozent hängig

🍇   85 Prozent Riesling, 15 Prozent Müller-Thurgau

↓   Sandiger Lehm.

🍷   Feinduftige Rieslinge mit markanter Säure, blumig-duftige Müller-Thurgau.

GL. Paradiesgarten

Sobernheimer Domberg: Name seit 13. Jahrhundert urkundlich nachgewiesen. Dom ist das keltische Dun, germanisch Düne = Hügel oder Berg. Domberg = Hügelberg. Das Beifügen von Berg erfolgte als man den Sinn von »Dom« nicht mehr kannte.

☐   32,75 ha

Ⓝ   Süden – Südosten

/   100 Prozent hängig

🍇   65 Prozent Müller-Thurgau, 35 Prozent Riesling und andere Sorten

↓   Sandiger Lehm – Lehm.

🍷   Blumige, feinwürzige Müller-Thurgau und feinnervige Rieslinge mit rassiger Säure.

GL. Paradiesgarten

Sobernheimer Steinhardter Spitalberg: Vermutlich zu einem Spital gehörig.

☐   16,7 ha

Ⓝ   Südosten

/   100 Prozent hängig

🍇   70 Prozent Silvaner, 30 Prozent Riesling und Müller-Thurgau

↓   Schiefriger Lehm – Ton.

🍷   Volle, kräftige Weine mit markanter Säure.

GL. Paradiesgarten

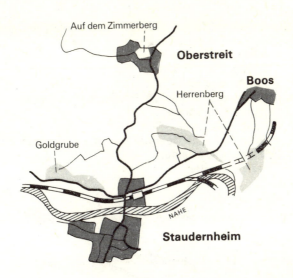

Oberstreiter Auf dem Zimmerberg: Name vermutlich von Personennamen, der in Oberstreit vorkommt. Kann aber auch von Simmerberg, Simmer = Wassergraben, abgeleitet sein.

☐ 6,0 ha

ℕ Südwesten – Süden

/ 50 Prozent steil, 50 Prozent hängig

🍇 55 Prozent Silvaner, 45 Prozent Müller-Thurgau und Riesling

⌁ Schiefriger Lehm.

🍷 Herzhafte, feinduftige Silvaner und leichtblumige Müller-Thurgau mit angenehmer Säure.

GL. Paradiesgarten

Booser und Staudernheimer Herrenberg: Hinweis auf Besitzer bzw. Zehntempfänger.

☐ 10,0 ha

ℕ Südwesten – Süden – Südosten

/ 30 Prozent steil, 70 Prozent hängig

🍇 60 Prozent Silvaner, 30 Prozent Riesling, 10 Prozent Müller-Thurgau

⌁ Schiefriger Lehm – Ton.

🍷 Feinfruchtige Weine mit feiner Sortenart und angenehmer Säure.

GL. Paradiesgarten

Staudernheimer Goldgrube: Die frühere Lagebezeichnung lautete »Goldene Grub'«.

☐ 4,5 ha

Südwesten – Süden

/ 100 Prozent steil

🍇 80 Prozent Riesling, 20 Prozent Müller-Thurgau und andere Sorten

⚭ Schiefriger Lehm – Ton.

⚱ Feine Sortenart, feinfruchtig mit angenehmer, zum Teil betonter Säure.

GL. Paradiesgarten

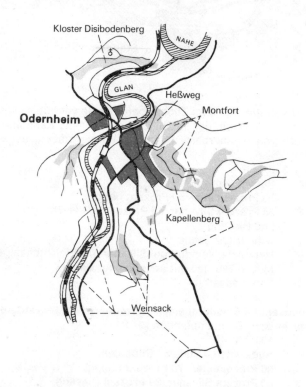

Odernheimer Weinsack: Der Volksmund sagt, Weinsack heißt die Lage, weil es da viel des guten Weines gibt.

☐ 45,0 ha

Südwesten – Süden – Südosten

/ 80 Prozent steil, 17 Prozent hängig, 3 Prozent flach

🍇 40 Prozent Silvaner, 35 Prozent Riesling, 20 Prozent Müller-Thurgau, 5 Prozent andere Sorten

⌁ Sandig-toniger, zum Teil steinig-grusiger Lehm

🍷 Die Weine zeigen eine gute Ausprägung des Sortentyps bei abgerundeter Säure.

GL. Paradiesgarten

Odernheimer Kloster Disibodenberg: Nach dem vom hl. Disibod im 6. Jahrhundert gegründeten Kloster benannt. Durch Bonifatius wurde der hl. Disibod in der Klosterkirche feierlich beigesetzt (745). Älteste Lage der Gemarkung.

☐ 9,0 ha

N Südosten

/ 90 Prozent steil, 10 Prozent flach

🍇 90 Prozent Riesling, 10 Prozent Müller-Thurgau und andere Sorten

⌁ Toniger, zum Teil steinig-grusiger Lehm.

🍷 Rassige Rieslinge mit fruchtiger Säure und guter Lagerfähigkeit.

GL. Paradiesgarten

Odernheimer Heßweg: Die alte Lage ist um die Weinberge »Wunnweg« und »Kniebrech« erweitert.

☐ 10,0 ha

N Südwesten – Süden

/ 100 Prozent steil

🍇 100 Prozent Riesling

⌁ Sandig-steiniger Lehm über Sandsteinen und Konglomeraten, teilweise auch Schiefertonen.

🍷 Rassige, feinnervige Rieslinge mit fruchtiger Säure, gute Sortenausprägung.

GL. Paradiesgarten

Odernheimer Montfort: Name in Anlehnung an den Besitz der Herren von Montfort in der Gemarkung gewählt.

☐ 6,0 ha

N Südwesten

/ 100 Prozent steil

🍇 83 Prozent Burgunder (weiß, grau, rot), 17 Prozent Müller-Thurgau

⌁ Verwitterung aus Tonschiefer sowie Melaphyr-Porphyr.

🍷 Samtige, feurige, typische Burgunder, jeder in seiner Art.

GL. Paradiesgarten

Odernheimer Kapellenberg: Die Lage zählt mit zu den besten Lagen Odernheims. Die Bezeichnung ist alt und weist auf eine ehemalige Kapelle hin.

☐ 35,0 ha
Ⓝ Südwesten – Süden – Südosten
/ 90 Prozent steil, 10 Prozent hängig
🍇 42 Prozent Riesling, 40 Prozent Silvaner, 18 Prozent Müller-Thurgau und andere Sorten
⚱ Sandiger, toniger, zum Teil steinig-grusiger Lehm.
🍷 Rassige, fruchtige Rieslinge mit besonderer Note, feinduftige, frische Silvaner und blumig-duftige Müller-Thurgau.
GL. Paradiesgarten

Odernheimer Langenberg: Der Name bezieht sich auf die von Osten nach Westen langgestreckte Form der Lage. Sie befindet sich im Alleineigentum des Weingutes Erich Schick.

☐ 5,0 ha
Ⓝ Süden – Südosten
/ 40 Prozent steil, 50 Prozent hängig, 10 Prozent flach
🍇 Blauer Spätburgunder, Scheurebe, Silvaner und Gewürztraminer
⚱ Schiefer und Schieferton.
🍷 Da die Lage zu den besten der Gemarkung zählt, präsentieren die Weine sich in ausgeprägtem Sortentypus bei reifer Art.
GL. Paradiesgarten

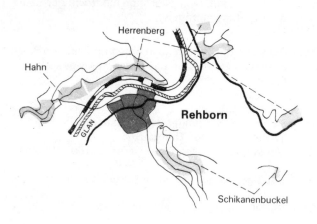

Rehborner Herrenberg: Der Name zeigt vermutlich frühere Besitzverhältnisse an.

- ☐ 11,0 ha
- Ṋ Südwesten – Süden – Südosten
- / 100 Prozent steil
- 🍇 75 Prozent Riesling, 25 Prozent Silvaner
- ⚱ Toniger Lehm.
- ⚱ Herzhafte Weine bei dezentem, betontem Sortenbukett und lebendiger Säure.
- GL. Paradiesgarten

Rehborner Schikanenbuckel: Die Lagebezeichnung besteht seit 1955; sie könnte von dem mittelschweren bis schweren Lett- bzw. Tonboden, bezüglich der Bearbeitung, abgeleitet sein.

- ☐ 10,0 ha
- Ṋ Südwesten
- / 90 Prozent steil, 10 Prozent hängig
- 🍇 50 Prozent Silvaner, 30 Prozent Riesling, 20 Prozent Müller-Thurgau
- ⚱ Toniger Lehm – Ton.
- ⚱ Vollmundige, frische Silvaner und herzhafte Rieslinge neben fruchtigen Müller-Thurgau.
- GL. Paradiesgarten

Rehborner Hahn: mhd. hagen = ursprünglich ein mit einer lebenden Hecke eingefriedeter Raum.

- ☐ 15,0 ha
- Ṋ Südosten
- / 80 Prozent steil, 20 Prozent hängig
- 🍇 60 Prozent Silvaner, 40 Prozent Riesling
- ⚱ Toniger Lehm.
- ⚱ Feinduftige, stofflich volle Silvaner, fruchtige Rieslinge mit rassiger Säure.
- GL. Paradiesgarten

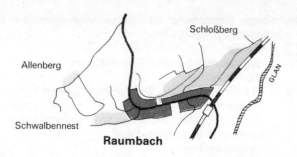

Schloßberg

Allenberg

GLAN

Schwalbennest

Raumbach

Raumbacher Schwalbennest: Die Lage schließt sich im Westen an die Lage „Schloßberg" an.

☐ 6,0 ha

Ñ Südosten

/ 40 Prozent steil, 60 Prozent hängig

🍇 100 Prozent Riesling

⌘ Schieferverwitterung=Lehm bis schiefrig-steiniger Lehm.

🍷 Gut ausgeprägte Rieslinge mit rassiger Säure.

GL. Paradiesgarten

Raumbacher Schloßberg: Neue Lagenbezeichnung für die am westlichen Fuß des Raumberges, nördlich des Ortes, gelegenen Weinberge.

☐ 17,0 ha

Ñ Südwesten – Süden

/ 40 Prozent steil, 60 Prozent hängig

🍇 60 Prozent Riesling, 30 Prozent Silvaner, 10 Prozent Müller-Thurgau

⌘ Sandiger, schiefriger Lehm.

🍷 Gute Sortenausprägung mit teils markanter, teils schwächer betonter Säure.

GL. Paradiesgarten

Raumbacher Allenberg: Die alte Lagebezeichnung »Allenberg« wurde für die größere Fläche gewählt. Allen = Alten.

☐ 5,0 ha

Ñ Süden – Südosten

/ 35 Prozent steil, 65 Prozent hängig

🍇 80 Prozent Riesling, 20 Prozent Silvaner und Müller-Thurgau

- ↓ Sandig-kiesiger Lehm über Sandstein und Schiefertonen und Konglomeraten.
- ♀ Die feinduftigen und blumigen Weine haben eine markante, fruchtige Säure.
- GL. Paradiesgarten

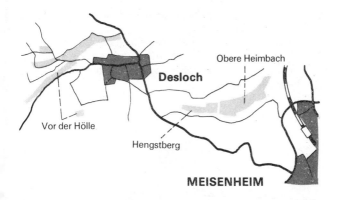

Deslocher Vor der Hölle: Alte Lagebezeichnung, jetzt für größere Fläche. Vor der Höll = vor der Halde, dem Hang.
- ☐ 12,0 ha
- Ñ Süden – Südosten
- / 60 Prozent steil, 40 Prozent hängig
- 🍇 40 Prozent Riesling, 60 Prozent Silvaner und Müller-Thurgau
- ↓ Sandiger, steiniger, teilweise mit Ton über Sandstein, Schieferton und Konglomeraten.
- ♀ Feinduftige Weine mit herzhafter Säure.
- GL. Paradiesgarten

Deslocher Hengstberg: Alte Lagebezeichnung, vermutlich auf ehemalige Pferdekoppel oder -weide hinweisend.
- ☐ 6,0 ha
- Ñ Südwesten – Süden
- / 30 Prozent steil, 70 Prozent hängig
- 🍇 50 Prozent Silvaner, 50 Prozent Müller-Thurgau und Riesling
- ↓ Sandiger Lehm.
- ♀ Saftige, frische Silvaner und fruchtige Rieslinge; feinblumige Müller-Thurgau mit angenehm betonter Säure.
- GL. Paradiesgarten

Meisenheimer Obere Heimbach: Die Lage umfaßt alle Weinberge der Gemarkung Meisenheim. Unter den alten Lagen war auch die Lage »In der Heimbach«.

☐ 10,0 ha
🧭 Süden – Südosten
╱ 100 Prozent steil
🍇 50 Prozent Müller-Thurgau, 44 Prozent Riesling, 6 Prozent Silvaner
⌁ Tonig-lehmige Schieferverwitterung.
🍷 Feinblumige Müller-Thurgau und rassige Rieslinge mit einer je nach Jahrgang stärker betonten Säure.
GL. Paradiesgarten

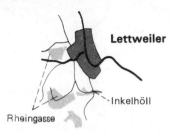

Lettweilerer Rheingasse: Name etymologisch nicht nachweisbar.

☐ 8,0 ha
🧭 Süden – Südosten
╱ 95 Prozent steil, 5 Prozent hängig
🍇 50 Prozent Riesling, 40 Prozent Silvaner, 10 Prozent Müller-Thurgau
⌁ Tonschiefer und Porphyr-Melaphyr-Verwitterung.
🍷 Herzhafte Rieslinge mit fruchtiger Säure und saftige, frische Silvaner mit angenehm betonter Säure.
GL. Paradiesgarten

Lettweilerer Inkelhöll: Der Name, der jetzt für eine größere Fläche gilt, hieß früher »In der Inkenhöll«.

☐ 10,0 ha
🧭 Südwesten – Süden
╱ 100 Prozent steil
🍇 50 Prozent Riesling, 40 Prozent Silvaner, 10 Prozent Müller-Thurgau
⌁ Tonschiefer und Porphyr-Melaphyr-Verwitterung.
🍷 Herzhafte Weine mit markanter Säure.
GL. Paradiesgarten

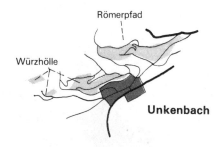

Römerpfad

Würzhölle

Unkenbach

Unkenbacher Würzhölle: Lage setzt sich aus den früheren Lagen „Am Wingertsberg", »Im Rehn«, »Im Kesslersgrund«, »Im Loch« und »Zu Wörthshöll« zusammen. Name neugewählt für größere Fläche.

☐   13,0 ha

N   Südwesten – Süden

/   100 Prozent steil

🍇   80 Prozent Silvaner, 15 Prozent Riesling, 5 Prozent Müller-Thurgau

⌁   Sandiger Lehm.

🍷   Saftige, feinduftige, zum Teil herzhafte Weine.

GL.   Paradiesgarten

Unkenbacher Römerpfad: Lage setzt sich jetzt zusammen aus den Gewannen »Im Hasaner Rech" und „Auf Arlott«. Der Name ist neugewählt für eine größere Fläche.

☐   16,0 ha

N   Süden – Südosten

/   80 Prozent steil, 20 Prozent hängig

🍇   80 Prozent Silvaner, 15 Prozent Riesling, 5 Prozent Müller-Thurgau

⌁   Schwach sandiger bis toniger Lehm auf Schieferton.

🍷   Saftige, frische Silvaner mit feiner Frucht, rassige Rieslinge und Müller-Thurgau mit leicht betonter Säure.

GL.   Paradiesgarten

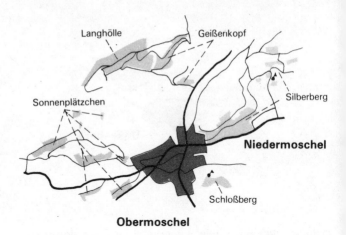

Langhölle   Geißenkopf

Sonnenplätzchen

Silberberg

Niedermoschel

Schloßberg

Obermoschel

Obermoscheler Sonnenplätzchen: Name verweist auf günstige Sonneneinstrahlung.

- ☐   12,0 ha
- ℕ   Süden – Südosten
- /   10 Prozent steil, 90 Prozent hängig
- 🍇   70 Prozent Silvaner, 15 Prozent Riesling, 15 Prozent Müller-Thurgau
- ↓   Toniger Lehm.
- 🍷   Saftige, herzhafte Silvaner, feinfruchtige Rieslinge mit betonter Säure und ausgeglichene, feinduftige Müller-Thurgau.
- GL.   Paradiesgarten

Obermoscheler Schloßberg: Name in Anlehnung an das Schloß, die Moschellandsburg, gewählt.

- ☐   5,0 ha
- ℕ   Süden – Südosten
- /   30 Prozent steil, 70 Prozent hängig
- 🍇   95 Prozent Riesling, 5 Prozent andere Sorten
- ↓   Steinig-grusiger Lehm, auch sandig-toniger Boden über Schiefertonen und arkosigen Sandsteinen.
- 🍷   Rassige Rieslinge mit gewisser Eleganz.
- GL.   Paradiesgarten

Obermoscheler Langhölle: Die Lage hieß früher Layhölle, d. h. Hang oder Halde am Fels, was auch der örtlichen Situation entspricht.

- ☐ 14,0 ha
- ℵ Süden – Südosten
- / 50 Prozent steil, 50 Prozent hängig
- ❦ 40 Prozent Riesling, 30 Prozent Silvaner, 20 Prozent Müller-Thurgau, 10 Prozent Traminer und andere Sorten
- ⚎ Sandiger Lehm.
- ⚱ Die Weine haben einen gut ausgeprägten Sortentypus bei angenehm betonter Säure.
- GL. Paradiesgarten

Obermoscheler und Niedermoscheler Geißenkopf: Der Name weist darauf hin, daß die Fläche zur Zeit der Namensgebung Weideplatz war.

- ☐ 9,0 ha
- ℵ Südwesten – Süden – Südosten
- / 50 Prozent steil, 50 Prozent hängig
- ❦ 40 Prozent Silvaner, 30 Prozent Riesling, 20 Prozent Müller-Thurgau, 10 Prozent Morio-Muskat und andere Sorten
- ⚎ Sandiger, zum Teil schiefriger Lehm.
- ⚱ Volle, saftige Silvaner, rassige, fruchtige Rieslinge, gut ausgeprägte Müller-Thurgau und Morio-Muskat.
- GL. Paradiesgarten

Obermoscheler und Niedermoscheler Silberberg: Der Name ist alt, früher »Seelberg«. Er hat seinen Namen vom Silber- bzw. Quecksilberabbau während des 16. bis 19. Jahrhunderts.

- ☐ 27,0 ha
- ℵ Südosten
- / 95 Prozent steil, 5 Prozent hängig
- ❦ 80 Prozent Riesling und Silvaner, 20 Prozent Müller-Thurgau und andere Sorten
- ⚎ Schieferverwitterung = lehmig-toniger Boden.
- ⚱ Gute, im Sortentyp ausgeprägte Rieslinge und saftige, blumige Silvaner und Müller-Thurgau mit guter Lagerfähigkeit.
- GL. Paradiesgarten.

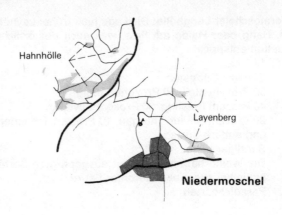

Hahnhölle

Layenberg

Niedermoschel

Niedermoscheler Hahnhölle: Hölle = Halde oder Hang.
Hahn = Hag oder Hain. Hahnhölle = mit Wald bestande-
ner Hang. Namensentstehung vor Anlage von Weinbergen.

☐   11,5 ha
N   Südosten
/   60 Prozent steil, 40 Prozent hängig
🍇   60 Prozent Silvaner, 30 Prozent Müller-Thurgau,
     10 Prozent Riesling
⚱   Schwachlehmiger Sand, sandig-schiefriger Lehm.
⚱   Die Weine zeigen ein feines Sortenbukett bei ange-
     nehm betonter Säure.
GL.   Paradiesgarten

Niedermoscheler Layenberg: Frühere Schreibweise
Laienberg; Lai oder Ley = Fels, im engeren Sinn Schie-
ferfels.

☐   9,0 ha
N   Süden
/   95 Prozent steil, 5 Prozent hängig
🍇   70 Prozent Silvaner, 30 Prozent Riesling und
     Müller-Thurgau
⚱   Schieferverwitterung = toniger Lehm.
⚱   Frische, saftige Silvaner mit gewisser Rasse, fein-
     fruchtige Rieslinge mit zum Teil markanter Säure.
GL.   Paradiesgarten

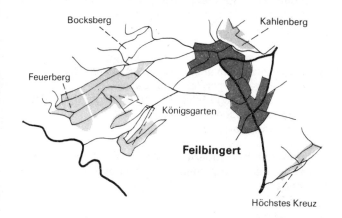

Bocksberg

Kahlenberg

Feuerberg

Königsgarten

Feilbingert

Höchstes Kreuz

Feilbingerter Feuerberg: Name deutet auf hitzigen, gut erwärmbaren Boden.

☐   10,13 ha

Ⓝ   Südwesten – Süden

/   100 Prozent hängig

🍇   75 Prozent Silvaner, 15 Prozent Riesling, 10 Prozent Müller-Thurgau

⚒   Steinig-grusiger, lehmiger Sand.

🍷   Saftige, frische Silvaner, feinduftige Rieslinge und Müller-Thurgau.

GL.   Paradiesgarten

Feilbingerter Königsgarten: Die Lage ist vergrößert um die Gewanne der Fluren »Glockwiese«, „Lüßert", »Auf dem Neuenberg", »Auf den Fichten«, »Hornungswiese«, „Badnig«.

☐   35,13 ha

Ⓝ   Süden – Südosten

/   100 Prozent hängig

🍇   75 Prozent Silvaner, 15 Prozent Riesling, 10 Prozent Müller-Thurgau

⚒   Steinig-grusiger bis lehmiger Sand.

🍷   Feinduftige, saftige Silvaner mit angenehm betonter Säure und im Sortentypus gut ausgeprägte Rieslinge und Müller-Thurgau.

GL.   Paradiesgarten

Feilbingerter Bocksberg: Alter Lagename, weist auf Weideplatz vor Anlage der Weinberge hin.

☐ 3,85 ha
Ⓝ Südwesten
/ 50 Prozent steil, 50 Prozent hängig
🍇 50 Prozent Silvaner, 50 Prozent Müller-Thurgau
🍶 Steinig-grusiger, lehmiger Sand.
🍷 Frische, saftige Silvaner und blumige Müller-Thurgau mit angenehmer Säure.
GL. Paradiesgarten

Feilbingerter Kahlenberg: Kahl = entblößt; wahrscheinlich kahle Fläche vor Anlage der Weinberge. Früher »Im Kahlenberg«.

☐ 8,57 ha
Ⓝ Südwesten – Süden
/ 50 Prozent steil, 50 Prozent hängig
🍇 60 Prozent Silvaner, 20 Prozent Riesling, 20 Prozent Müller-Thurgau
🍶 Steinig-grusiger, lehmiger Sand.
🍷 Silvaner mit feiner Frucht, kernige Rieslinge und Müller-Thurgau mit feiner Würze.
GL. Paradiesgarten

Feilbingerter Höchstes Kreuz: Vermutlich Hinweis auf ehemaligen Standort eines Kreuzes.

☐ 5,59 ha
Ⓝ Südosten
/ 100 Prozent hängig
🍇 80 Prozent Silvaner, 20 Prozent Riesling
🍶 Lehmiger Sand.
🍷 Feinduftige Silvaner und Rieslinge mit angenehm betonter Säure.
GL. Paradiesgarten

Liebesbrunnen

Hochstätten

Hochstätter Liebesbrunnen: Die Lage umfaßt alle früheren Weinbergslagen der Gemarkung. Der Name ist neugewählt.

☐ 42,0 ha

ℕ Südwesten – Süden – Südosten

/ 85 Prozent steil, 15 Prozent hängig

🍇 75 Prozent Silvaner, 10 Prozent Riesling, 10 Prozent Müller-Thurgau, 5 Prozent Scheurebe

⚒ Steinig-grusige, zum Teil lehmig-tonige Böden über Sandsteinen, Konglomeraten und Schiefertonen.

🍷 Volle, saftige Silvaner, rassige Rieslinge; Müller-Thurgau und Scheurebe mit fein ausgeprägtem Sortenton.

GL. Paradiesgarten

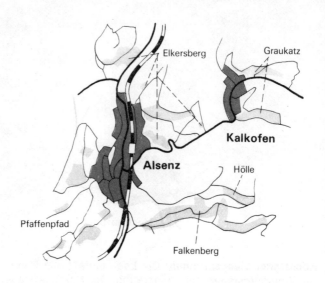

Alsenzer Falkenberg: Falkenberg = Revier der Falken; die Lage liegt zum Teil vor Wald.

☐ 19,0 ha
N̄ Süden
/ 80 Prozent hängig, 20 Prozent flach
🍇 25 Prozent Riesling, 70 Prozent Silvaner, 5 Prozent Traminer
🍷 Schiefriger Lehm über Schiefer und Schieferton.
🍷 Weine mit spezifischem Sortencharakter.
GL. Paradiesgarten

Alsenzer Hölle: Hölle = Helle = Halde. Erstmals 1600 »In der langen Hellen".

☐ 6,0 ha
N̄ Süden – Südosten
/ 20 Prozent hängig, 80 Prozent flach
🍇 75 Prozent Silvaner, 20 Prozent Müller-Thurgau, 5 Prozent Riesling
🍷 Sandiger Lehm.
🍷 Weine mit Rasse und saftiger Fülle.
GL. Paradiesgarten

Alsenzer Elkersberg: Bereits 1473 als »Ilkersberg« erwähnt.

☐   16,0 ha
N   Süden – Südosten
/   60 Prozent hängig, 40 Prozent flach
🍇   80 Prozent Silvaner, 10 Prozent Müller-Thurgau, 10 Prozent Riesling
🍶   Schiefriger bis toniger Lehm.
🍷   Frische, typisch ausgeprägte Weine.
GL.   Paradiesgarten

Alsenzer Pfaffenpfad: Alte, 1514 erstmals erwähnte Bezeichnung für den durch diese Lage führenden Weg, den die Disibodenberger Mönche von Odernheim über Alsenz nach Oberndorf gingen (13.–16. Jahrhundert), um dort Kirche zu halten.

☐   13,0 ha
N   Süden – Südosten
/   70 Prozent hängig, 30 Prozent flach
🍇   90 Prozent Silvaner, 10 Prozent Müller-Thurgau
🍶   Sandig-grusige bis steinige Lehme über Sandstein und Schieferton, im südwestlichen Teil über Melaphyr.
🍷   Saftige, rassige, feinblumige Weine.
GL.   Paradiesgarten

Kalkofener Graukatz: Erstreckt sich über mehrere Gemarkungen der Nordpfalz.

☐   11,0 ha
N   Südwesten – Süden
/   90 Prozent steil, 10 Prozent hängig
🍇   80 Prozent Silvaner, 20 Prozent Müller-Thurgau
🍶   Sandiger Lehm – Lehm über Schiefer bzw. Schieferton.
🍷   Fruchtige, ausgeglichene Müller-Thurgau und saftige Silvaner.
GL.   Paradiesgarten

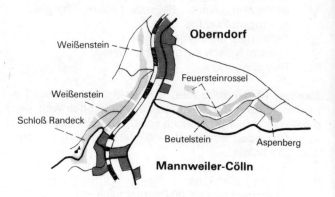

Oberndorfer und Mannweiler-Cöllner Weißenstein: Andeutung der Gesteinsfarbe oder Hinweis auf einen Grenzstein.

☐ 15,0 ha (Mannweiler-Cölln); 7,5 ha (Oberndorf)
N Süden – Südosten
/ 40 Prozent steil, 60 Prozent hängig
🍇 50 Prozent Silvaner, 40 Prozent Müller-Thurgau, 10 Prozent Riesling
⚱ Verlehmter Schieferverwitterungsboden = Lehm, zum Teil Hanglehm mit schiefrigen Anteilen auf Schiefer und Schieferton.
🍷 Saftige Weine mit feiner Rasse und Frucht.
GL. Paradiesgarten

Oberndorfer Feuersteinrossel: Rossel = Geröllhalde, Wasserrinne. Die Lage umfaßt seit 1969 die früheren Fluren „In der Heerdel«, »Am Köpfchen«, »Am Aspenberg«.

☐ 14,0 ha
N Süden
/ 80 Prozent hängig, 20 Prozent flach
🍇 50 Prozent Müller-Thurgau, 45 Prozent Silvaner, 5 Prozent andere Sorten

⬦ Schiefriger Lehm.
♀ Blumige, fruchtige Müller-Thurgau, saftige Silvaner mit herzhafter Säure und typische Rieslinge mit stahliger Säure.
GL. Paradiesgarten

Oberndorfer Aspenberg: Aspe = Espe, auf Baumbestand vor Anlage von Weinbergen hindeutend.
☐ 3,0 ha
Ν Südwesten – Süden
/ 100 Prozent hängig
🍇 50 Prozent Müller-Thurgau, 35 Prozent Silvaner, 7 Prozent Morio Muskat, 8 Prozent Riesling
⬦ Schiefriger, sandiger Lehm.
♀ Blumige Müller-Thurgau, saftige, feinherbe Silvaner und ausgeprägte Morio Muskat.
GL. Paradiesgarten

Oberndorfer Beutelstein: Beutelstein = Bilenstein = Beilstein = Steillage. Name war früher schon vorhanden.
☐ 8,5 ha
Ν Südwesten – Süden – Südosten
/ 80 Prozent steil, 20 Prozent hängig
🍇 80 Prozent Silvaner, 10 Prozent Müller-Thurgau, 10 Prozent Weißburgunder
⬦ Schiefriger Lehm.
♀ Feinblumige, zartduftende Weine.
GL. Paradiesgarten

Mannweiler-Cöllner Schloß Randeck: Die Lagebezeichnung nimmt Bezug auf die ehemalige Raubritterburg Randeck (heute Ruine).
☐ 12,5 ha
Ν Südosten – Süden
/ 70 Prozent hängig, 30 Prozent flach
🍇 50 Prozent Silvaner, 25 Prozent Riesling, 25 Prozent Müller-Thurgau
⬦ Lehm aus Schieferverwitterung.
♀ Frische, fruchtige, zum Teil saftige Weine.
GL. Paradiesgarten

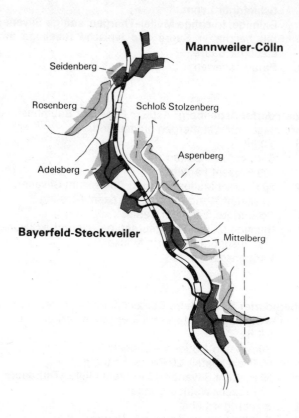

Seidenberg

Mannweiler-Cölln

Rosenberg

Schloß Stolzenberg

Adelsberg

Aspenberg

Bayerfeld-Steckweiler

Mittelberg

Mannweiler-Cöllner Seidenberg: Name nicht genau deutbar. Überliefert ist, daß dort früher Maulbeerbäume als Futterpflanzen für Seidenraupen im 18. Jahrhundert gestanden haben. Der Name kommt aber schon vor 1500 vor.

☐   4,0 ha
N   Südosten
/   100 Prozent steil
🍇 50 Prozent Silvaner, 25 Prozent Riesling,
    25 Prozent Müller-Thurgau
⌄   Schiefriger Lehm über Schieferton.
⌣   Frische, kräftige Weine mit angenehm betonter
    Säure.
GL. Paradiesgarten

Mannweiler-Cöllner Rosenberg: Die Lage besteht aus den Flurstücken »Rosenberg" und »Im Heuck« und wurde bei der Umlegung 1955 gebildet.

- ☐ 21,77 ha
- ℕ Südosten
- / 40 Prozent steil, 60 Prozent hängig
- 🍇 40 Prozent Silvaner, 40 Prozent Müller-Thurgau, 20 Prozent Riesling und Traminer
- ⌴ Schiefriger, sandiger Lehm über Schieferton und Sandstein.
- 🍷 Fruchtige, kernige Weine.
- GL. Paradiesgarten

Bayerfeld-Steckweilerer Adelsberg: Name nimmt vermutlich Bezug auf früheres Besitztum.

- ☐ 15,0 ha
- ℕ Südosten – Süden
- / 30 Prozent steil, 70 Prozent hängig
- 🍇 60 Prozent Silvaner, 40 Prozent Riesling und Müller-Thurgau
- ⌴ Sandig-steinige Lehme über Schiefertonen und Sandsteinen.
- 🍷 Weine mit kernigem Geschmacksausdruck.
- GL. Paradiesgarten

Bayerfeld-Steckweilerer Schloß Stolzenberg: Die Lage besteht aus Flurstücken des früheren Schloßbergs und des Stolzenbergs.

- ☐ 7,0 ha
- ℕ Südwesten
- / 30 Prozent steil, 70 Prozent hängig
- 🍇 60 Prozent Silvaner, 40 Prozent Müller-Thurgau, Riesling und andere Sorten
- ⌴ Steinig-grusige, zum Teil sandige und tonige Lehme.
- 🍷 Körperreiche Weine mit angenehm betonter Säure.
- GL. Paradiesgarten

Bayerfeld-Steckweilerer Aspenberg: Aspe = Espe. Die Namensgebung erfolgte vor Anlage der Weinberge, als die Fläche noch mit Bäumen = Espen bestanden war.

☐ 2,0 ha
N Südwesten
/ 40 Prozent steil, 60 Prozent hängig
🍇 50 Prozent Silvaner, 50 Prozent Müller-Thurgau
⚱ Sandig-grusiger bis steiniger Lehm, teilweise toniger Lehm über Sandsteinen, Schiefertonen und Melaphyr.
🍷 Körperreiche Weine mit angenehm betonter Säure.
GL. Paradiesgarten

Bayerfeld-Steckweilerer Mittelberg: Die Lage umfaßt vier teilweise voneinander getrennte Flurstücke. Der Name jetzt für eine größere Fläche neugewählt. Es gibt noch eine Flurbezeichnung »Mittelweg«.
☐ 33,0 ha
N Südwesten – Süden
/ 20 Prozent steil, 60 Prozent hängig, 20 Prozent flach
🍇 60 Prozent Silvaner, 30 Prozent Müller-Thurgau, 10 Prozent Riesling
⚱ Ranker und Braunerden auf Sandsteinen, Schiefertonen und auch Melaphyr = sandige, steinig-grusige Lehme.
🍷 Kernige, typische Silvaner und Rieslinge, feinfruchtige Müller-Thurgau.
GL. Paradiesgarten

Gaugrehweilerer (1,0 ha), **Oberhäuser** (6,5 ha), **Winterborner** (9,0 ha), **Münsterappeler** (13,9 ha), **Niederhäuser Graukatz** (18,0 ha): Name wurde 1971 auf Wunsch der Disibodenberger Winzergenossenschaft auf mehrere Gemarkungen ausgedehnt.
☐ 48,4 ha
N Südwesten – Süden – Südosten
/ 100 Prozent hängig
🍇 80 Prozent Silvaner, 20 Prozent Riesling, Müller-Thurgau und andere Sorten
⚱ Schwach-sandiger Lehm mit Schieferanteilen über Schiefer und Schieferton.
🍷 Saftige Silvaner und markante Rieslinge.
GL. Paradiesgarten

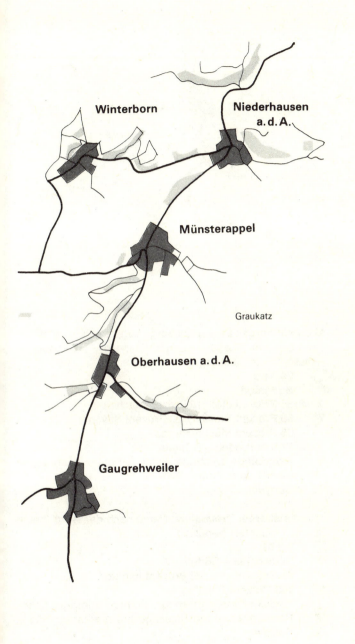

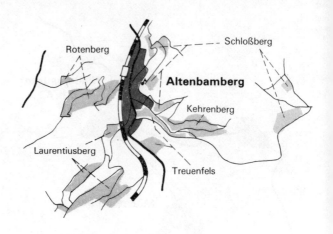

Altenbamberger Laurentiusberg: Lage besteht jetzt aus den früheren Lagen „Laurentiusberg«, »Gänsberg«, »Hessel", »Ziegelsberg«.

☐   23,0 ha
ℕ   Südosten
/   85 Prozent steil, 15 Prozent flach
🍇   50 Prozent Riesling, 20 Prozent Silvaner,
    30 Prozent Müller-Thurgau
⬇   Porphyrboden – Schiefer.
🍷   Feinduftige, fruchtige Weine mit guter Ausprägung
    des Sortenbuketts.
GL.   Burgweg

Altenbamberger Treuenfels: Name nach der Burg (heute Ruine) Treuenfels benannt.

☐   6,0 ha
ℕ   Südwesten – Süden
/   75 Prozent steil, 25 Prozent hängig
🍇   100 Prozent Riesling
⬇   Tonschieferverwitterung = steinig-schiefriger Lehm.
🍷   Rassige, fruchtige Rieslinge mit markanter Säure.
GL.   Burgweg

192

Altenbamberger Kehrenberg: Vermutlich entstanden aus mhd. »kere« = Wendestelle/Wegbiegung. Unter den einbezogenen Lagen dieser Fläche war auch die Lage „Kernberg".

☐   16,0 ha
ℕ   Süden
/   85 Prozent steil, 15 Prozent hängig
🍇   95 Prozent Riesling, 5 Prozent Silvaner
⚒   Porphyr-Schiefer-Verwitterung = steinig-grusiger Lehm (Ranker).
🍷   Durch den Standort wird den feinrassigen, mit feiner Frucht versehenen Rieslingen zusätzlich eine besondere Geschmackskomponente vermittelt.
GL. Burgweg

Altenbamberger Schloßberg: Die Lage besteht jetzt aus den früheren Lagen »Bangert«, »Neuenberg", »Afrika«, „Steigerhof", »Kastl«.

☐   20,0 ha
ℕ   Süden – Südosten
/   50 Prozent steil, 50 Prozent hängig
🍇   70 Prozent Riesling, 20 Prozent Silvaner,
      10 Prozent Müller-Thurgau
⚒   Porphyr mit Tonschiefer.
🍷   Vom Standort geprägte feine Rieslingart mit besonderer Note.
GL. Burgweg

Altenbamberger Rotenberg: Alter Name, der von der rötlichen Farbe des Rhyolithes (früher Quarzporphyr) herrührt.

☐   17,0 ha
ℕ   Südwesten – Süden
/   85 Prozent steil, 15 Prozent flach
🍇   75 Prozent Riesling, 15 Prozent Silvaner,
      10 Prozent Müller-Thurgau
⚒   Phorphyrverwitterungsboden
🍷   Besonders bei Rieslingen eine feine Ausprägung des Buketts, Silvaner und Müller-Thurgau feinwürzig.
GL. Burgweg

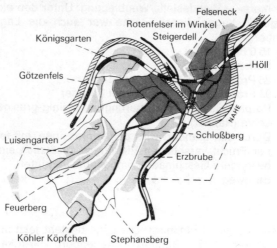

Bad Münster am Stein-Ebernburg

Felseneck
Rotenfelser im Winkel
Steigerdell
Königsgarten
Höll
Götzenfels
NAHE
Luisengarten
Schloßberg
Erzbrube
Feuerberg
Köhler Köpfchen
Stephansberg

Ebernburger Schloßberg: Die Lage liegt um die Ebern-
burg (Schloß!) herum in steilem Hang.
☐ 19,3 ha
N̈ Süden – Südosten
/ 100 Prozent steil
🍇 95 Prozent Riesling, 5 Prozent andere Sorten
🍶 Steinig-grusiger Lehm über Rhyolith.
🍷 Weine aus dieser Lage (Rieslinge) zählen in vielen
Jahren zu den Spitzenweinen des Gebietes.
GL. Burgweg

Ebernburger Erzgrube: Name deutet an, daß in diesem
Bereich eine Ausbeutung von Silber und Kupfer bis zum
19. Jahrhundert erfolgte.
☐ 7,0 ha
N̈ Süden – Südosten
/ 100 Prozent steil
🍇 98 Prozent Riesling, 2 Prozent andere Sorten
🍶 Steinig-grusiger Lehm über Rhyolith.
🍷 Hier reift der Riesling mit feiner Frucht und ausgeprägtem Bukett.
GL. Burgweg

Ebernburger Köhler Köpfchen: Köhler = Personenname
oder Berufsbezeichnung.

☐   11,7 ha
ℕ   Süden
/   50 Prozent steil, 40 Prozent hängig, 10 Prozent flach
🍇   40 Prozent Müller-Thurgau, 60 Prozent Silvaner,
    Weißburgunder und Riesling
⌁   Steinig-grusiger Lehm als Hanglehm über Rhyolith.
🍷   Rieslinge mit kerniger Säure; auch die Müller-
    Thurgau besitzen eine fruchtige Säure.
GL.   Burgweg

Ebernburger Stephansberg: Neugewählter Name für die
vergrößerte Lage.

☐   16,0 ha
ℕ   Südwesten – Süden
/   70 Prozent steil, 30 Prozent flach
🍇   60 Prozent Riesling, 40 Prozent Silvaner und
    Müller-Thurgau
⌁   Steinig-grusiger Lehm über Rhyolith.
🍷   Rieslinge mit kerniger Säure; auch die Müller-
    Thurgau besitzen eine fruchtige Säure.
GL.   Burgweg

Ebernburger Feuerberg: Name deutet auf warmes Kleinklima der Lage.

☐   16,2 ha
ℕ   Süden – Südosten
/   100 Prozent steil
🍇   60 Prozent Silvaner, 40 Prozent Riesling und
    Müller-Thurgau
⌁   Steinig-grusiger und kiesig-sandiger Lehm über
    Löß oder den Disibodenberger Schichten. Am
    Westrand der Lage sogar über Latit und Rhyolith-
    konglomerat.
🍷   Feinduftige, saftige Silvaner und Rieslinge mit ge-
    wisser Rasse und Eleganz.
GL.   Burgweg

Ebernburger Luisengarten: Name gewählt für vergrößerte Lage.

☐   17,5 ha
Ⓝ   Südwesten – Süden
/   20 Prozent steil, 20 Prozent hängig, 60 Prozent flach
🍇   75 Prozent Müller-Thurgau, 20 Prozent Silvaner,
    5 Prozent andere Sorten
⚱   Sandiger Lehm und Lehm, zum Teil über Löß.
🍷   Müller-Thurgau mit feiner Frucht.
GL.   Burgweg

Ebernburger Götzenfels: Siehe auch Norheimer Götzenfels. Hier auf der dem Götzenfels gegenüberliegenden Seite der Nahe in der Nachbarschaft das sogenannte »Haus am Götzenfels«.

☐   5,5 ha
Ⓝ   Süden
/   100 Prozent hängig
🍇   95 Prozent Müller-Thurgau, 5 Prozent andere Sorten
⚱   Sandiger Lehm bis lehmiger Sand.
🍷   Fruchtige, milde Müller-Thurgau.
GL.   Burgweg

Ebernburger Königsgarten: Zwischen der Nahe und der Gemeinde Ebernburg gelegen. Name neugewählt.

☐   9,0 ha
Ⓝ   Süden
/   100 Prozent flach
🍇   80 Prozent Müller-Thurgau, 20 Prozent Silvaner
    und andere Sorten
⚱   Lehmiger Sand bis sandiger Lehm über Löß.
🍷   Feinduftige, frische Müller-Thurgau.
GL.   Burgweg

Münsterer Steigerdell: Name der Lage hängt damit zusammen, daß sich oberhalb der Lage ein Steinbruch befand und die Steiger über eine Treppe da hinaufstiegen.

☐   2,6 ha
Ⓝ   Süden
/   100 Prozent steil
🍇   90 Prozent Riesling, 5 Prozent Scheurebe,
    5 Prozent Kerner

⬇ Steing-grusiger, verlehmter Boden als Hangschutt des Rotenfels

🍷 In dieser Lage wird bei den verschiedenen Sorten eine besondere Geschmacksnote ausgeprägt, die Fachleute als standorttypische Sortenart bezeichnen.

GL. Burgweg

Münsterer Höll: Höll = Halde. Name früher »Rotenfelser Höll«.

☐ 3,4 ha

Ṉ Süden

/ 90 Prozent hängig, 10 Prozent flach

🍇 60 Prozent Riesling, 10 Prozent Silvaner,
10 Prozent Ruländer, 10 Prozent Müller-Thurgau,
10 Prozent Traminer

⬇ Steinig-grusiger, schwach bis mittel verlehmter Boden über dem Rhyolith (früher Quarzporphyr).

🍷 Bei den verschiedenen Sorten wird eine besondere Geschmacksnote ausgeprägt, die Fachleute als standorttypische Sortenart bezeichnen.

GL. Burgweg

Münsterer Rotenfelser im Winkel: Zum Unterschied der Traisener Lage »Rotenfels« wurde noch eine Beifügung »im Winkel« hinzugefügt. Die Lage liegt im Winkel von Fels (im Westen) und Wald (im Norden). »Im Winkel« war eine alte Flurbezeichnung.

☐ 3,3 ha

Ṉ Süden

/ 100 Prozent hängig

🍇 60 Prozent Riesling, 15 Prozent Müller-Thurgau,
10 Prozent Traminer, 10 Prozent Scheurebe,
5 Prozent verschiedene Sorten

⬇ Porphyrverwitterungsboden = steinig-grusiger Lehm.

🍷 In dieser Lage wird bei den verschiedenen Sorten eine besondere Geschmacksnote ausgeprägt, die Fachleute als standorttypische Sortenart bezeichnen.

GL. Burgweg

197

Münsterer Felseneck: Name seit 1830 für die Weinberge westlich einer vorspringenden Felsgruppe vor Bad Münster am Stein. Die Lage zählt zu den Lagen der Nahe mit den höchsten (günstigsten) Klimawerten. Spitzenweinlage.

☐ 4,5 ha
Ṉ Südwesten – Süden
/ 100 Prozent steil
🍇 100 Prozent Riesling
⚲ Stark steinig-grusiger Hanglehm über dem Rhyolith.
🍷 Die Rieslinge aus dieser Lage zählen zu den Spitzenweinen der Nahe.
GL. Burgweg

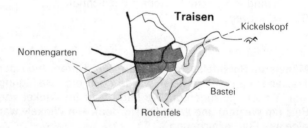

Traisener Bastei: Name seit 1885 für die Weinberge, die unterhalb der »Bastei«, einem mit einer Mauer versehenen Felskopf des Rotenfels, gelegen sind. Hier finden sich die letzten Einzelpfahlweinberge des Nahegebietes.

☐ 2,0 ha
Ṉ Süden
/ 95 Prozent steil, 5 Prozent flach
🍇 100 Prozent Riesling
⚲ Steinig-grusiger Lehm als Gehängeschutt des Rotenfels, flachgründig,
🍷 Rassige Rieslinge mit ausgeprägter Frucht.
GL. Burgweg

Traisener Kickelskopf: Alter Flurname, jetzt für eine größere Fläche. Kopf = Bergkuppe, hier ein vorspringender Bergkopf des Rhyolithmassivs, zu dem auch der Rotenfels (Gesteinsfarbe) zählt.

- ☐ 7,0 ha
- N Südwesten – Süden
- / 80 Prozent steil, 20 Prozent hängig
- 🍇 100 Prozent Riesling
- ⌁ Steinig-grusiger Lehm bis Hanglehm über Rhyolith (früher als Quarzporphyr bezeichnet).
- ⟁ Ausgeprägte, rassige Rieslinge.
- GL. Burgweg

Traisener Rotenfels: Der sehr alte Name gilt für die am Fuß des Rotenfels teils noch terrassierten Weinberge. Die rote Farbe des Gesteins Rhyolith war hier namengebend.

- ☐ 16,0 ha
- N Süden
- / 95 Prozent steil, 5 Prozent flach
- 🍇 100 Prozent Riesling
- ⌁ Schwach bis starklehmiger Gehängeschutt des Rhyoliths.
- ⟁ Klassische Rieslinge von besonderem Ausdruck; in vielen Jahren Spitzenweine.
- GL. Burgweg

Traisener Nonnengarten: Erinnert an Beziehungen des Ortes zum Frauenkloster Ruppertsberg bei Bingen im Mittelalter.

- ☐ 11,0 ha
- N Südwesten – Süden – Südosten
- / 100 Prozent hängig
- 🍇 80 Prozent Müller-Thurgau, 20 Prozent Riesling
- ⌁ Sandiger Lehm bis Kies, teilweise sandiger Lehm über Löß.
- ⟁ Weine mit feiner Blume, würzig.
- GL. Burgweg

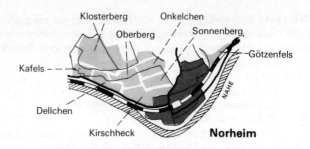

Norheimer Götzenfels: Die Lage liegt am Fuß des westlichen Rotenfelses mit seinen Ausläufern.

☐ 11,0 ha
ℕ Südosten
/ 85 Prozent steil, 15 Prozent hängig
🍇 80 Prozent Riesling, 20 Prozent Silvaner
⚶ Hanglehm und steinig-grusiger Lehm über Rhyolith.
🍷 Ausgeprägte Rieslinge von besonderer Art.
GL. Burgweg

Norheimer Sonnenberg: Name 1969 neugewählt, Südlage, gut erwärmbar!

☐ 7,6 ha
ℕ Süden
/ 100 Prozent hängig
🍇 40 Prozent Müller-Thurgau, 60 Prozent Silvaner, Weiburgunder und andere Sorten
⚶ Schwach lehmiger Kies und steinig-grusiger Lehm.
🍷 Fruchtige Müller-Thurgau und herzhafte Silvaner.
GL. Burgweg

Norheimer Onkelchen: Name umgewandelt aus der Bezeichnung »Im Unkchen«. Vielleicht feuchte Stelle, wo Unken oder Schlangen sich aufhielten; mhd. unc = Schlange.

☐ 7,0 ha
ℕ Süden
/ 100 Prozent hängig
🍇 40 Prozent Silvaner, 60 Prozent Müller-Thurgau und Riesling
⚶ Schwach steiniger Lehm (Hanglehm).
🍷 Die Weine der verschiedenen Sorten zeigen neben dem gut ausgeprägten Sortentyp auch Rasse.
GL. Burgweg

Norheimer Oberberg: Name aus neuer Zeit. Zusammenfassung verschiedener Fluren, unter anderen „Im Oberweg“.

- ☐ 8,9 ha
- Ⓝ Südwesten – Süden
- / 50 Prozent steil, 50 Prozent hängig
- 🍇 60 Prozent Riesling, 40 Prozent Silvaner und andere Sorten
- ⊥ Schwach bis stark kiesiger Lehm.
- ⚱ Feinnervige, fruchtige Rieslinge.
- GL. Burgweg

Norheimer Kirschheck: Alte Lagebezeichnung, die darauf hindeutet, daß dort vor Anlage der Weinberge Kirschen gestanden haben.

- ☐ 9,9 ha
- Ⓝ Süden
- / 80 Prozent steil, 20 Prozent hängig; zum Teil terrassiert
- 🍇 100 Prozent Riesling
- ⊥ Aus den Sandsteinen des Rotliegenden entstandener sandiger Lehm.
- ⚱ Feinrassige Weine mit dezenter Frucht.
- GL. Burgweg

Norheimer Dellchen: Talmulde, Vertiefung im Gelände.

- ☐ 7,3 ha
- Ⓝ Süden
- / 100 Prozent steil; zum Teil terrassiert
- 🍇 100 Prozent Riesling
- ⊥ Verwitterung aus Porphyr und Schiefer, steinig-grusiger Lehm, Spitzenweinlage.
- ⚱ Betonte sortentypische Ausprägung des Rieslings, verbunden mit einer feinfruchtigen Eleganz. Spitzenweine werden in dieser Lage gewonnen.
- GL. Burgweg

Norheimer Klosterberg: Der Name wurde für eine größere Fläche neu festgesetzt.

- ☐ 27,4 ha
- Ⓝ Süden – Südosten
- / 20 Prozent hängig, 80 Prozent flach
- 🍇 80 Prozent Silvaner, 20 Prozent Müller-Thurgau
- ⊥ Kiesiger Lehm und Kies.
- ⚱ Saftige Silvaner mit angenehm betonter Säure und milde, würzige Müller-Thurgau.
- GL. Burgweg

Norheimer Kafels: Kafels = kahler Fels; alte Lagenbezeichnung. Renommierte Lage am Fuße des Rotenfels.

☐   5,26 ha

🅽   Südwesten – Süden

∕   80 Prozent steil, 20 Prozent hängig

🍇   95 Prozent Riesling, 5 Prozent Müller-Thurgau

⌇   Hier wechseln die Verwitterungsprodukte des porphyrischen Latites mit denen aus arkosigen Sandsteinen der Tholeyer Gruppe; feinsandige oder
steinig-grusige Lehme. Spitzenweinlage.

🍷   Markante, fruchtige und rassige Rieslingweine. Die
dort gewonnenen Müller-Thurgau zeichnen sich
durch besondere Frucht und Lagerfähigkeit aus.

GL.   Burgweg

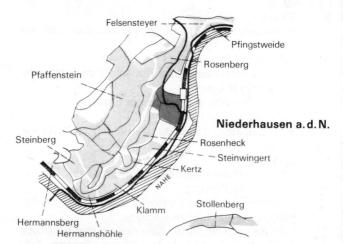

Niederhäuser Pfingstweide: Pfingstweiden gehörten zu
den Weideflächen, auf die zuerst im Jahr das Vieh ge-
trieben wurde. Name kommt mehrfach im Nahegebiet
vor. Hinweis auf gute Erwärmung des Bodens.

☐   2,83 ha

🅽   Süden – Südosten

∕   100 Prozent flach

🍇   100 Prozent Riesling

⌇   Schwachlehmiger Kies bis kiesiger Lehm und auf-
geschütteter Boden anderer Herkunft.

🍷   Feinfruchtige Rieslinge.

GL.   Burgweg

Niederhäuser Felsensteyer: Steil abfallender Berg, (Fels-)Abhang.

- ☐ 10,01 ha
- ℕ Südosten – Süden
- / 100 Prozent steil
- 🍇 90 Prozent Riesling, 10 Prozent Silvaner
- 🛈 Hanglehme mit grusigen Anteilen.
- 🍷 Typische Rieslinge und Silvaner mit besonderer, fruchtiger Ausprägung.
- GL. Burgweg

Niederhäuser Rosenberg: Der Name ist alt; er deutet auf den Bewuchs mit Heckenrosen vor Anlage der Weinberge hin.

- ☐ 12,53 ha
- ℕ Südosten
- / 100 Prozent steil
- 🍇 80 Prozent Riesling, 10 Prozent Silvaner, 10 Prozent Müller-Thurgau
- 🛈 Sandig-steiniger Lehm über arkosigem Sandstein (der Tholeyer Gruppe).
- 🍷 Sortentypische, ausgeprägte Rieslinge mit besonderer Note.
- GL. Burgweg

Niederhäuser Rosenheck: Alte Bezeichnung. Siehe Rosenberg.

- ☐ 17,07 ha
- ℕ Südosten
- / 75 Prozent steil, 25 Prozent hängig
- 🍇 80 Prozent Riesling, 10 Prozent Silvaner, 10 Prozent Müller-Thurgau
- 🛈 Lößlehm auf Schiefern und Tonsteinen, teilweise auch auf graubraunen Sandsteinen der Disibodenberger Schichten.
- 🍷 Sortentypische Ausprägung mit feiner Frucht.
- GL. Burgweg

Niederhäuser Pfaffenstein: Aus 22 früheren, benannten Einzellagen wurde eine größere Fläche geschaffen, darunter auch obige Bezeichnung. Es ist anzunehmen, daß hier auf einen Grenzstein von ehemaligem Kirchengut Bezug genommen wird.

☐ 48,89 ha
Ṉ Südosten – Süden
∕ 15 Prozent steil, 85 Prozent hängig
🍇 60 Prozent Riesling, 30 Prozent Müller-Thurgau,
10 Prozent Silvaner
⚲ Lößlehm und steinig-grusiger Lehm.
🍷 Fruchtige Rieslinge mit markanter Säure, würzige
Müller-Thurgau und feinfruchtige Silvaner mit herz-
hafter Säure.
GL. Burgweg

Niederhäuser Steinwingert: Der Name ist alt und nimmt
Bezug auf die dort vorhandenen Gesteinstrümmer und
den Gehängeschutt von graubraunen Sandsteinen der
Disibodenberger Schichten und porphyrischem Rhyolith.
☐ 6,69 ha
Ṉ Süden – Südwesten
∕ 30 Prozent steil, 70 Prozent hängig
🍇 70 Prozent Müller-Thurgau, 10 Prozent Silvaner,
20 Prozent Riesling
⚲ Steinig-grusiger Lehm, Lößlehm und Kies.
🍷 Rassige Rieslinge, sowie Müller-Thurgau und Silvaner mit angenehmer Säure.
GL. Burgweg

Niederhäuser Stollenberg: Die Lage befindet sich auf der
südlichen Naheseite. Der Name gibt einen Hinweis auf
den im Distrikt liegenden Stollen eines früheren Silber-
bzw. Quecksilberbergwerks.
☐ 7,0 ha
Ṉ Süden – Südosten
∕ 90 Prozent steil, 10 Prozent hängig
🍇 50 Prozent Riesling, 30 Prozent Silvaner,
20 Prozent Müller-Thurgau
⚲ Sandiger, grusiger Lehm.
🍷 Sortentypische Weine mit pikanter Note.
GL. Burgweg

Niederhäuser Kertz: Kertz = scharf heraustretender
Bergteil mit Weinbergen im Hang. »Kerz« als Weinberg
einer Kerzenstiftung (»Wachszins«) zu deuten, ist auch
vertretbar.
☐ 5,43 ha
Ṉ Südosten – Süden

/   100 Prozent steil
🍇   100 Prozent Riesling
⚒   Lemberg-Porphyrit und schwarzgrundiger Schiefer, flachgründig.
🍷   Rassige Rieslinge mit besonderer Frucht.
GL. Burgweg

Niederhäuser Klamm: Der Name ist alt und gibt die örtliche Situation an: Klamm = Einschnitt im Hang.

☐   12,47 ha
N   Süden – Südosten
/   90 Prozent steil, 10 Prozent hängig
🍇   90 Prozent Riesling, 10 Prozent Traminer, Silvaner und Müller-Thurgau
⚒   Verwitterung des Lemberg-Porphyrits und Löß-lehm = steinig-grusiger Lehm und Lößlehm.
🍷   Sortentypisch fein ausgeprägte Weine mit viel Spiel.
GL. Burgweg

Niederhäuser und Oberhäuser Hermannshöhle: Spitzenlage des Nahegebietes. Name geht auf einen kleinen Stollen zurück, in dem das Pulver für das Kupferbergwerk aufbewahrt wurde. Der dortige Untergrund führt Kupferadern.

☐   8,53 ha
N   Süden – Südwesten
/   100 Prozent steil
🍇   100 Prozent Riesling
⚒   Verschiedene Konglomerate, steinig-grusige Lehme, Spitzenweinlage.
🍷   Klassische Rieslinge von langer Lagerfähigkeit, zu den Spitzenweinen Deutschlands zählend. Besonders standorttypische Ausprägung.
GL. Burgweg

Niederhäuser Hermannsberg: Abgeleitet von Hermesberg. Diese Lage schließt sich an die Hermannshöhle an.

☐   5,89 ha
N   Süden – Südwesten
/   100 Prozent hängig
🍇   95 Prozent Riesling, 5 Prozent Traminer und andere Sorten
⚒   Lehm mit schiefrigen Anteilen. Spitzenweinlage.
🍷   Fruchtige Weine von großer Eleganz und Rasse.
GL. Burgweg

Niederhäuser Steinberg: Markanter, steiler, steiniger Weinberg; Bezeichnung seit 1910.

- ☐ 8,32 ha
- ℕ Südwesten – Süden
- / 100 Prozent steil
- 🍇 95 Prozent Riesling, 5 Prozent Silvaner
- ⚒ Löß und Verwitterung des Lemberg-Porphyrits = steinig-grusige Lehme (Ranker).
- 🍷 Reife, edle Rieslinge von markanter Ausprägung, Spitzenweine.
- GL. Burgweg

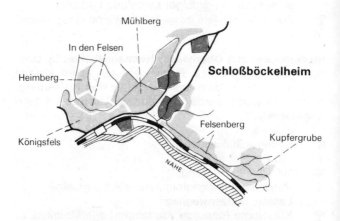

Schloßböckelheimer Kupfergrube: Name nach dem in früherer Zeit hier betriebenen Kupferabbau.

- ☐ 14,0 ha
- ℕ Süden – Südosten
- / 90 Prozent steil, 10 Prozent hängig
- 🍇 100 Prozent Riesling
- ⚒ Steinig-grusige Lehme auf Latit und Latitandesit.
- 🍷 Aus dieser Lage kommen Spitzenweine. Sortentypisch ausgeprägte Rieslinge von reifer, voller Art mit einer eleganten, rassigen Säure; hier kann sogar von standorttypischer Ausprägung des Weines gesprochen werden.
- GL. Burgweg

206

Schloßböckelheimer Felsenberg: Alte Lagebezeichnung, jetzt für größere Fläche, gibt die Geländesituation an.

- ☐ 25,0 ha
- N Südwesten – Süden
- / 80 Prozent steil, 20 Prozent hängig
- 🍇 100 Prozent Riesling
- ⚲ Steinig-grusige Lehme, auch Gehängelehme auf Decken des Latit und Latitandesit (porphyrisch).
- ⚱ Standorttypische, markante Rieslinge.
- GL. Burgweg

Schloßböckelheimer Mühlberg: Berg, der einer Mühle gegenüberliegt. Diese Mühle war der Vorläufer der heutigen Drahtwerke Waldböckelheim.

- ☐ 22,0 ha
- N Süden – Südosten
- / 80 Prozent steil, 20 Prozent hängig
- 🍇 90 Prozent Riesling, 10 Prozent Silvaner und andere Sorten
- ⚲ Steinig-grusige Lehme als Verwitterungsdecke des porphyrischen Latetes.
- ⚱ Sortentypisch ausgeprägte, nachhaltige Rieslinge.
- GL. Burgweg

Schloßböckelheimer In den Felsen: Name entspricht der tatsächlichen Geländesituation.

- ☐ 6,0 ha
- N Südwesten – Süden
- / 70 Prozent steil, 30 Prozent hängig
- 🍇 100 Prozent Riesling
- ⚲ Sandige bis steinig-grusige Lehme über arkosigen Sandsteinen und Rhyolithkonglomeraten.
- ⚱ Standorttypische Rieslinge mit Rasse und Eleganz, auch Spitzenweine.
- GL. Burgweg

Schloßböckelheimer Heimberg: Name nach dem in der Nachbarschaft liegenden »Heimberg«.

- ☐ 5,0 ha
- N Süden – Südwesten
- / 80 Prozent steil, 20 Prozent hängig
- 🍇 70 Prozent Riesling, 30 Prozent Silvaner und andere Sorten

☠ Im westlichen Teil sandige Lehme, im östlichen Teil steinig-grusige Lehme als Ranker.

♟ Sortentypische, fruchtige Rieslinge mit besonderer Note.

GL. Burgweg

Schloßböckelheimer Königsfels: Alte Lagebezeichnung.

□ 18,0 ha

N Südwesten – Süden – Südosten

/ 80 Prozent steil, 20 Prozent hängig

🍇 100 Prozent Riesling

☠ Sandige Lehme auf arkosigen Sandsteinen und steinig-grusige Lehme auf porphyrischen Rhyolithkonglomeraten.

♟ Besonders arttypisch ausgeprägte Rieslinge mit eleganter Säure.

GL. Burgweg

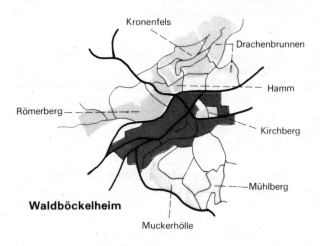

Kronenfels

Drachenbrunnen

Hamm

Römerberg

Kirchberg

Mühlberg

Waldböckelheim

Muckerhölle

Waldböckelheimer Mühlberg: Name früher: Mühlenberg, in Anlehnung an die am Fuß des Berges liegende Mühle (Goosenmühle).

☐ 14,0 ha

Ⓝ Süden

/ 100 Prozent steil

🍇 50 Prozent Riesling, 50 Prozent Silvaner und Müller-Thurgau

⚱ Sandige, teilweise tonige Lehme der Sand- und Tonsteine der Disibodenberger Schichten. Auf der Bergkuppe steinig-kiesige Lehme aus Breccien und Rhyolithen und unterrotliegenden Sedimentgesteinen.

🍷 Feinduftige Weine mit gewisser Rasse.

GL. Burgweg

Waldböckelheimer Muckerhölle: Hölle = Halde, steiler Hang.

☐ 12,0 ha

Ⓝ Südwesten

/ 90 Prozent steil, 10 Prozent hängig

🍇 60 Prozent Silvaner, 40 Prozent Riesling und Müller-Thurgau

⚱ Steinig-sandiger Lehm aus Sandsteinen und konglomeratischen Tonsteinen.

🍷 Die Silvanerweine zeigen eine typische, fruchtige Art, Rieslinge und Müller-Thurgau sind mehr feinduftig und elegant.

GL. Burgweg

Waldböckelheimer Kirchberg: Name nach der Kirche nördlich des Weinbergs. Die Lage ist jetzt durch Bebauung kleiner geworden.

☐ 3,5 ha

Ⓝ Süden

/ 100 Prozent hängig

🍇 80 Prozent Silvaner, 20 Prozent Riesling und Müller-Thurgau

⚱ Sandiger Lehm wechselt mit Lößlehm, tiefgründig.

🍷 Die Silvanerweine haben eine gewisse Eleganz, Riesling, Müller-Thurgau sind dezent in ihrer Art.

GL. Burgweg

Waldböckelheimer Römerberg: In Anlehnung an die in der Nähe verlaufende alte Römerstraße nach Gemünden und Kreuznach wurde der Name neugewählt.

□ 28,0 ha

N Südosten – Süden – Südwesten

/ 100 Prozent hängig

🍇 60 Prozent Silvaner, 40 Prozent Riesling und Müller-Thurgau

⚲ Sandige bis schwachtonige Lehme, tiefgründig.

🍷 Saftige, duftige, nachhaltige Weine.

GL. Burgweg

Waldböckelheimer Hamm: Mit »Hamm« wurde die Flußkrümmung bzw. das daran angrenzende Land bezeichnet.

□ 6,0 ha

N Südwesten

/ 30 Prozent steil, 70 Prozent hängig

🍇 70 Prozent Riesling, 30 Prozent Müller-Thurgau und Silvaner

⚲ Steinig-grusige Lehme aus den Latiten des Welschberges.

🍷 Aromatische, rassige Weine.

GL. Burgweg

Waldböckelheimer Kronenfels: Die frühere Bezeichnung Welschberg wurde für die Gesamtlage in Kronenfels umbenannt.

□ 33,0 ha

N Südwesten – Süden – Südosten

/ 90 Prozent steil, 10 Prozent hängig

🍇 60 Prozent Silvaner, 40 Prozent Müller-Thurgau und Riesling

⚲ Sandige Lehme wechseln mit Sand und Kies sowie steinig-grusigen Lehmen des porphyrischen Latits des Welschberges.

🍷 Fruchtige, vollmundige Weine.

GL. Burgweg

Waldböckelheimer Drachenbrunnen: Name ist etymologisch nicht deutbar.

□ 28,0 ha

N Südosten

/ 80 Prozent hängig, 20 Prozent flach

🍇 60 Prozent Silvaner, 40 Prozent Riesling, Müller-Thurgau und andere Sorten

⚲ In der Lage wechselt der Boden mehrfach: Sande

und Kiese sowie sandige und steinige Lehme neben tonig-mergeligen Böden.

☙ Feinduftige, arttypische Weine.

GL. Burgweg

Waldböckelheimer Marienpforter Klosterberg: Die Lage gehörte vom 13. bis 15. Jahrhundert zum Besitz des ehemaligen Klosters Marienpfort der Wilhelmiten oder Weißmäntel.

☐ 25,0 ha

N̈ Südwesten – Süden

/ 100 Prozent hängig

🍇 80 Prozent Riesling, 20 Prozent Müller-Thurgau und andere Sorten

⌄ Sandige Lehme auf arkosigen Sandsteinen der Disibodenberger Schichten.

☙ Feinduftige, fruchtige Weine mit angenehm betonter Säure.

GL. Burgweg

Waldböckelheimer (Steinhardter) Johannisberg: Name neugewählt.

☐ 15,0 ha

N̈ Südwesten – Süden

/ 80 Prozent hängig, 20 Prozent flach

🍇 50 Prozent Müller-Thurgau, 50 Prozent Riesling und Silvaner

⌄ Steinig-grusiger Lehm – Lehm über Latit und Löß.

☙ Blumige, fruchtige Weine mit ausgeglichener Säure.

GL. Paradiesgarten

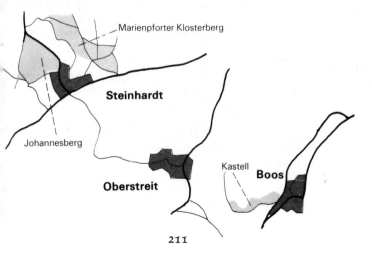

Marienpforter Klosterberg

Steinhardt

Johannesberg

Oberstreit

Kastell

Boos

211

Waldböckelheimer / Booser Kastell
☐   14,0 ha
N   Südwesten – Süden
/   20 Prozent steil, 80 Prozent hängig
🍇   60 Prozent Silvaner, 40 Prozent Riesling und
    Müller-Thurgau
⚲   Sandiger Lehm – Lehm über Sandsteinen, stellen-
    weise Lehm über Löß (Inseln).
🍷   Saftige, volle Silvaner und markante Rieslinge.
GL. Paradiesgarten

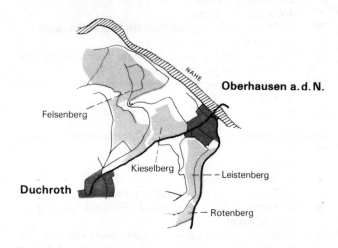

Oberhäuser und Duchrother Felsenberg: Die Lage umfaßt alle Weinbergsflächen in den Gewannen »Am Kö-
nigsgraben«, »Auf dem Pothaus«, »Vor Böckelheim«,
»Auf dem Hahngarten« und »Im vorderen Hahngarten«.
☐   51,0 ha (Oberhausen 31,0 ha; Duchroth 20,0 ha)
N   Südwesten – Süden – Südosten
/   70 Prozent steil, 25 Prozent hängig, 5 Prozent flach
🍇   90 Prozent Riesling, 10 Prozent Silvaner und
    Müller-Thurgau (Duchroth)
    60 Prozent Riesling, 10 Prozent Silvaner,
    30 Prozent Müller-Thurgau (Oberhausen)
⚲   Porphyr-Melaphyr und Anteile Tonschiefer = steinig-
    grusige und tonige Lehme.
🍷   Körperreiche Weine von ausgeprägtem Sorten-
    typus.
GL. Burgweg

Oberhäuser Kieselberg: Der Name nimmt Bezug auf den Steinanteil im Boden und schließt die Lagen »Auf dem Wacken«, »Im Kieselberg«, »Am Hauserweg« ein.

☐ 15,0 ha

ℕ Südwesten – Süden – Südosten

/ 70 Prozent steil, 20 Prozent hängig, 10 Prozent flach

🍇 85 Prozent Riesling, 15 Prozent Müller-Thurgau und Silvaner

⌇ Schiefrig-toniger, zum Teil sandig-grusiger Lehm bis kiesiger Lehm.

🏆 Rassige Rieslinge mit guter Sortenausprägung.

GL. Burgweg

Oberhäuser Leistenberg: Name deutet auf das terrassierte Gelände hin und schließt jetzt die Lagen »Vor Lichtenberg«, »Auf dem Leistenberg«, »Am Leistenberg« und »Im Wüstling« ein.

☐ 15,75 ha

ℕ Süden – Südosten

/ 90 Prozent steil, 10 Prozent hängig

🍇 65 Prozent Riesling, 20 Prozent Müller-Thurgau, 15 Prozent Silvaner

⌇ Toniger Lehm mit schiefrigen Bestandteilen.

🏆 Fruchtige, rassige Rieslinge neben blumigen Müller-Thurgau und feinduftigen Silvanern.

GL. Burgweg

Oberhäuser Rotenberg (Teillage): Die Lage besteht aus allen Weinbergsflächen in den Gewannen »Am Rotenberg« und »Vor Schleipen«.

☐ 8,67 ha

ℕ Süden – Südosten

/ 100 Prozent steil

🍇 40 Prozent Riesling, 40 Prozent Silvaner, 20 Prozent Müller-Thurgau

⌇ Tonschieferverwitterung, Quarzporphyrverwitterung = steinig-grusige und tonige Lehme.

🏆 Herzhafte Rieslinge mit feiner Frucht und kräftige Silvaner.

GL. Burgweg

Oberhäuser Hermannshöhle
(siehe bei Niederhäuser und Oberhäuser Hermannshöhle)

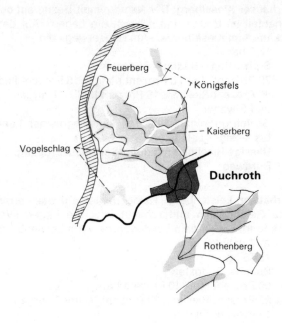

Feuerberg

Königsfels

Kaiserberg

Vogelschlag

Duchroth

Rothenberg

Duchrother Rothenberg (Teillage): Der Name deutet auf die Bodenfarbe hin.

20,0 ha

Süden – Südosten

/ 70 Prozent steil, 25 Prozent hängig, 5 Prozent flach

95 Prozent Silvaner, 5 Prozent Müller-Thurgau

Sandige, steinig-grusige, teilweise schiefrige Lehme über Sand- und Tonsteinen, Schiefern und Quarzporphyr.

Kräftige Silvaner mit rassiger Säure.

GL. Burgweg

Duchrother Königsfels: Ursprünglicher Name der kleinen Lage »Am Kinnsfels« (= Kindsfels), jetzt für größere Fläche und als Königsfels in Erinnerung an den letzten Bayernkönig Ludwig (Duchroth gehörte früher zur bayerischen Pfalz).

15,0 ha

Südwesten – Süden

/ 70 Prozent steil, 25 Prozent hängig, 5 Prozent flach

- 95 Prozent Riesling, 5 Prozent Müller-Thurgau und Silvaner
- Porphyr-Melaphyr mit Anteilen Tonschiefer = grusig-steiniger, zum Teil toniger Lehm.
- Standorttypisch ausgeprägte Weine mit besonderer Note.

GL. Burgweg

Duchrother Kaiserberg: Name in Anlehnung an Kaiser Wilhelm, der während des Großen Hauptquartiers in Kreuznach auf einer Fahrt durchs Land 1917 die Strecke Oberhausen-Odernheim befuhr.

- ☐ 12,0 ha
- N Süden
- / 70 Prozent steil, 25 Prozent hängig, 5 Prozent flach
- 95 Prozent Riesling, 5 Prozent Silvaner und Müller-Thurgau
- Porphyr-Melaphyr-Verwitterung mit Anteilen Tonschiefer.
- Rassige, fruchtige, sortentypische Weine mit besonderer Note.

GL. Burgweg

Duchrother Vogelschlag: Schlag = Hiebabteilung im Wald. Der Weinberg lag also in Waldesnähe. Die alte Lage wurde um die Lagen »Felsen«, »Boosenbangert«, »Ebernhöll«, »Rotzert«, »Nachenstand«, »Hockersfels«, »Metzgerhannes-Rech« vergrößert.

- ☐ 40,0 ha
- N Südwesten – Süden
- / 70 Prozent steil, 25 Prozent hängig, 5 Prozent flach
- 95 Prozent Riesling, 5 Prozent Silvaner und Müller-Thurgau
- Porphyr-Melaphyr-Verwitterung mit Anteil Tonschiefer = steinig-grusige, zum Teil schiefrige Lehme und Gehängelehme.
- Rassige, fruchtige Rieslinge sowie Silvaner und Müller-Thurgau mit angenehmer Säure und feinem Duft.

GL. Burgweg

Duchrother Feuerberg: Ob der schon alte Name von der rötlichen Farbe des Bodens, von der guten Erwärmbarkeit oder vom Ausdruck des darauf gewachsenen Weines herrührt (=feurig!), ist nicht mehr feststellbar.

☐ 25,0 ha

N Südwesten

/ 70 Prozent steil, 25 Prozent hängig, 5 Prozent flach

🍇 95 Prozent Riesling, 5 Prozent Müller-Thurgau und Silvaner

⚲ Porphyr-Melaphyr und Anteile Tonschiefer = steinig-grusige Lehme mit zum Teil schiefrigen Anteilen, aber auch rötliche, sandige Lehme der Tholeyer Schichten.

🍷 Fruchtige, aromatische Rieslinge, die in besonderen Sonnenjahren hochgradige Weine liefern (feurig = hoher Alkoholgehalt).

GL. Burgweg

*Burgsponheim. Bergfried mit
Burgruine und die Lage Schloßberg*

Die Großlagen

1. SCHLOSSKAPELLE (11 Gemeinden, 60 Einzellagen)
Sie liegt zwischen unterem Lauf der Nahe und dem Soon-
wald-Bingerwald-Vorland bis hin zum Guldenbachtal im
Westen. Es handelt sich meist um mittlere bis steilere
Lagen auf Böden aus Schiefer, Quarzitschutt und Phyllit
des Devons, zum Teil aber auch um mittelgründige, sandige Böden, gut erwärmbar auf Sandsteinen und Konglomeraten des Oberrotliegenden mit zum Teil Lößbei-
mengung. Hauptrebsorten sind hier Riesling, Silvaner
und Müller-Thurgau, wobei der Silvaneranteil zugunsten
neuer Rebsorten wie Kerner, Scheurebe, Faber, Bacchus
und anderer in den letzten Jahren zurückging. Die Weine
sind als feinfruchtig, rassig und stoffig anzusprechen.

2. SONNENBORN (1 Gemeinde, 7 Einzellagen)
Im Gegensatz zu den anderen Großlagen der Nahe beinhaltet diese nur die eine Gemarkung der Gemeinde Langenlonsheim. Die Schaffung der Großlage erfolgte aufgrund des großen Rebflächenanteils dieser Gemeinde (ca.
350 ha). Sie ist gleichzeitig in ihrer Ausdehnung die
kleinste aller Nahe-Großlagen. Tiefgründige, überwiegend kalkhaltige Böden auf Löß und tertiären Sanden und
Tonen, aber nur leichte bis mittlere Hanglagen kennzeichnen diese Großlage. Neben den drei Standardsorten kamen
neue Sorten als Ergänzungssorten hinzu, wie z. B. Kerner,
Scheurebe, Ehrenfelser, Faber u. a. Die Weine dieser Lage
präsentieren sich zum Teil leicht, fruchtig elegant, aber
auch ausgeglichen mit früher Reife.

3. KRONENBERG (3 Gemeinden, 44 Einzellagen)
Die Lage umfaßt den Weinbau im inneren Kreuznacher
Lößhügelland, wobei die Weinberge auf der Ostseite der
Naheebene bis zum Südteil des Bosenberges und südlich

der Stadt Bad Kreuznach als auch die Weinberge nordwestlich der Stadt mit der Gemarkung Hargesheim dazu-
gehören. In der Gemarkung Hargesheim liegt auch der
Kronenberg, der bis 1971 Einzellage war. Es sind drei
Bodengruppen, auf denen die Reben dieser Lage stehen.

1. Mittelgründige, rote, meist sandige, warme Böden auf
   Sandsteinen und Konglomeraten des Oberrotliegenden.
2. Flach- bis mittelgründige Kiesböden auf den Terrassen-
   schottern der Nahe, zum Teil trockene, leicht erwärmbare Standorte.
3. Tiefgründige Böden auf Löß und tertiären Sanden und
   Tonen; Bodencharakter meist lehmig-tonig.

Neben den Standardsorten findet man in den letzten Jahren stärker den Anbau neuer Sorten, wobei der Kerner
neben der Scheurebe an der Spitze steht. Man findet daher
blumige, abgerundete, ausgeglichene Weine, die zum Teil
saftiger Natur sind.

4. PFARRGARTEN (7 Gemeinden, 30 Einzellagen)
Diese Lage umfaßt neben der Gemarkung Wallhausen die
sechs umliegenden Gemarkungen vom Gräfenbachtal bis
zur Soonwaldvorstufe. Die Höhengrenze des Weinbaus
liegt in diesem Gebiet bei 360 Meter über NN. Zwar variieren die Böden dieses Gebietes von Nordwesten nach
Südosten, doch bilden Rotliegendschichten bei zunehmender Ausdehnung von Lößdecken den geologischen Untergrund. In dieser Großlage fand die Scheurebe im Nahegebiet ihre stärkste Verbreitung, wobei zu bemerken ist,
daß die sortentypische Ausprägung bei feiner, fruchtiger,
angenehmer Säure besonders auffällt.

5. ROSENGARTEN (10 Gemeinden, 37 Einzellagen)
Die Weinberge dieser Lage liegen im Gebiet zwischen
Gräfenbach und Ellerbach. Von allen Großlagen ist sie die
bekannteste. Der Wein, der sowohl von flach- bis mittel-
gründigen Böden mit Kiesanteil als auch von tiefgründigen, lehmig-tonigen Böden kommt, wird als mild, elegant

und feinblumig und in manchen Jahren als extraktreicher Wein angesprochen. Die bestimmenden Rebsorten sind hier vor allem der Müller-Thurgau und der Silvaner, unter deren Verschnitt der Rüdesheimer Rosengarten beim Verbraucher bekannt wurde.

6. BURGWEG (9 Gemeinden, 65 Einzellagen)

Charakteristisch für diese Lage ist der hohe Anteil an Hang- und Steillagen auf vulkanischem Gestein. Die klimatisch sehr günstigen Standorte bedingen neben den Verwitterungsprodukten des Quarzporphyrs, Porphyrits und Melaphyr den feurigen Geschmack der Weine aus dieser Lage. Vollmundigkeit und Würze gehen einher mit einem oftmals auftretenden üppigen Bukett.

7. PARADIESGARTEN (35 Gemeinden, 84 Einzellagen)

Hier sind die Gemarkungen der oberen Nahe, des Glan- und Alsenztales zusammengefaßt. Räumlich die größte und der Rebfläche nach die zweitgrößte Großlage. Drei Bodengruppen beherrschen die Rebflächen: sandige, mittelgründige, warme Böden, teils Kies, teils tertiäre Sande, Tone und Löß. Die Weine dieser Lage zeigen eine kräftige, markante Art bei bestimmter Rasse und Nachhaltigkeit.

Mandel. Koppensteiner Jagdschloß
mit evangelischer Kirche und Lage Schloßberg

Die beiden Nahe-Bereiche

Der *Bereich Kreuznach* mit den Großlagen Schloßkapelle, Sonnenborn, Kronenberg und Pfarrgarten.

Früher bezeichnete man dieses Gebiet auch mit dem Begriff »Untere Nahe«.

Müller-Thurgau, Riesling, Scheurebe und einige Neuzüchtungen prägen den Charakter und die Art dieses Weines, die je nach Einzellage durchaus differieren können. Dennoch verbindet sie alle das »Typische« des Naheweines, die milde Eleganz, die feine Säurebetontheit und die Rasse des Naheweines.

Der *Bereich Schloßböckelheim* umfaßt die Großlagen Rosengarten, Burgweg und Paradiesgarten. Diese geographische Einheit wurde früher mit »Mittlere und Untere Nahe« umschrieben. Eine Sonderstellung nahm das sog. pfälzische Anbaugebiet ein, das heute voll in das Anbaugebiet Nahe integriert ist. Es ist der Oberen Nahe ähnlich, obwohl das Gebiet, zwischen Alsenz und Glan gelegen, es nach dem Krieg schwer hatte, da es verwaltungs- und verbandsmäßig von verschiedenen Stellen betreut wurde.

Wenngleich sich dieser Bereich auch über einen großen geographischen Raum verteilt, so dominiert hier doch der Riesling, der im Zusammenwirken mit dem günstigen Standort Weinspezialitäten hervorbringt, um deren Absatz es keine Sorge gibt, die unter Kennern einen Namen haben und für die, stellvertretend für den Bereich, die Weine der Domäne Niederhausen genannt sein mögen.

Nahe-Weinreise

Weinstraßen, Wanderwege, Probierstände und -keller, Besichtigungen, Weinseminare und Weinfeste sorgen dafür, dem Besucher das Weinbauland freundlich und instruktiv vorzustellen und näherzubringen. Terminkalender und Anschriftenverzeichnisse, von den betreuenden Stellen herausgegeben, erleichtern Orientierung und Auswahl. Sie können den folgenden Kapiteln entnommen werden.

Die ehemalige Benediktinerabtei Sponheim
mit der Lage Sponheimer Klostergarten

Die Nahe-Weinstraße

Lassen wir hier Klaus Schönborn zu Worte kommen, der die Nahe-Weinstraße wie folgt beschreibt[1]:

»›Hübsche Schwester der Deutschen Weinstraße‹ haben Reise-Journalisten die Nahe-Weinstraße genannt, als sie im Herbst 1971 aus der Taufe gehoben wurde.

Über 130 Kilometer lang ist die idyllische Straße für Weinliebhaber, Feinschmecker und Landschaftsfreunde. Sie schlängelt sich durch Gemeinden mit bekannten Weinlagen.

Ein touristischer Wegweiser durch diese Vielfalt, die nicht nur für den Wein, sondern auch für die Landschaft zutrifft, ist der N-Römer, das Schild für die Nahe-Weinstraße, die als Rundweg geführt wird. Sie beginnt und endet auf der B 48 bei Münster-Sarmsheim (südlich von Bingerbrück), wo wir, entgegengesetzt zum Uhrzeiger, unsere Reise antreten.

In östlicher Richtung windet sich hier die Nahe-Weinstraße an Steillagen und sanft abfallenden Hängen vorbei zu den nördlichsten Weinbergen der Nahe. Dorsheim, Burg Layen/Rümmelsheim (mit einem Weinlehrpfad), Waldlaubersheim und Genheim werden passiert, ehe man in Schweppenhausen erstmals einen eigenartigen land-

1 Nahe-Weinstraßen-Führer. Emil Sommer Verlag, Grünstadt 1977.

schaftlichen Reiz entdeckt: die sonnigen Rebhügel gehen nahtlos über in die bis zu über 600 Meter hohen Berge des tiefen, stillen Soonwaldes.

Diese harmonische Verzahnung zweier verschiedener Landschaftsformen erstreckt sich über den gesamten nördlichen Teil der Nahe-Weinstraße, auf der sich immer wieder ein Abstecher zu den ausgedehnten Wäldern und idyllischen Tälern des südöstlichen Hunsrück anbietet, wo wir auf zahlreichen Wanderwegen den Spuren legendärer Volksgestalten nachgehen. So zum Beispiel von Schweppenhausen zum alten Luftkurstädtchen Stromberg, der Heimat des Deutschen Michels. Hier wuchs auf der Fustenburg – ihre Ruinen sind erhalten – vor 400 Jahren Hans Michel von Obentraut heran, der später als Reiteroberst im Dreißigjährigen Krieg auf Seiten der Union kämpfte und von den Spaniern wegen seiner tollkühnen Handstreiche den Ehrennamen ›Deutscher Michel‹ erhielt. Im Soonwald war im 18. Jahrhundert der ›Jäger aus Kurpfalz‹ (bekannt aus dem gleichnamigen Volkslied) unumschränkter Herr. In der Verwaltung des weiten Forstes verteidigte Friedrich Wilhelm Utsch, so sein bürgerlicher Name, die Stille der Wälder gegen Jagdfrevel und Diebstahl marodierender Banden und erwarb sich darüber hinaus hohe Verdienste um die Weiterentwicklung der Forstwirtschaft. In der Zeit, als der ›Jäger aus Kurpfalz‹ starb (1795), machte ein heute legendärer Bandenführer den Soonwald und das Nahetal unsicher: Johannes Bückler, genannt ›Schinderhannes‹, dem Carl Zuckmayer ein literarisches Denkmal gesetzt hat.

Doch wieder zurück zur Nahe-Weinstraße. Windesheim, Guldental, Gutenberg und Wallhausen zählen zu jenen Weinbauorten der Nahe, in denen sich die Winzer besondere Mühe in der ›Selbstvermarktung‹ geben, das heißt in der unmittelbaren Verbindung zwischen Weinerzeuger und Endverbraucher. Weinzünftig gestaltete Probierstuben und Winzerkeller laden dazu ein, aus der reichen Vielfalt der Lagen und Rebsorten zu probieren, die hier auf unter-

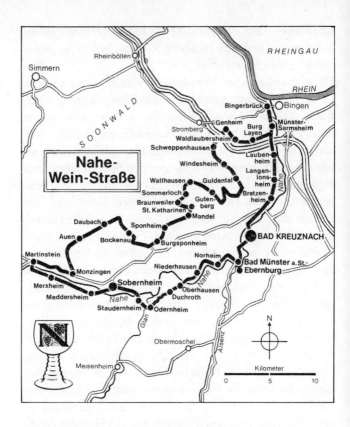

schiedlichen Böden, vom Rotliegenden bis zum reinen
Mergel und rheinischen Schiefer, wachsen.

Von Wallhausen aus schlängelt sich die Straße die Höhe
hinauf durch Sommerloch, Braunweiler, St. Katharinen
und Mandel, wo sich hinter den engen Gassen alter, stiller
Weinbauorte die Weite der Landschaft auftut, im Norden
begrenzt vom herben Dunkelgrün des Soonwaldes, im
Süden über die geschwungenen Formen eines anmutigen
Weinlandes bis hin zum Nahetal.

In Sponheim und Burgsponheim treffen wir auf ein-
drucksvolle Zeugen der historischen Bedeutung des Nahelandes: In Sponheim ist es die im Jahr 1044 errichtete
Abteikirche eines Benediktinerklosters und in Burgspon-

Der Rotenfels-Götzenfels mit den Lagen
Norheimer Dellchen und Kafels

heim die Ruine der ältesten Burg an der Nahe. Von hier aus geht es weiter durch Bockenau mit der ›Bockenauer Schweiz‹, einer Landschaft von besonderem Reiz. Auf dem Weg von Daubach zum anerkannten Erholungsort Auen finden wir an einem Wanderparkplatz die traditionsreiche ›Gehinkirche‹ mit der Grabstätte des ›Jägers aus Kurpfalz‹, ehe wir ein kleines Stück das idyllisch-verträumte Hoxbach entlang fahren.

Monzingen, bekannt für seine vorzüglichen Riesling-Weine, die Goethe gerühmt hat, ist mit seinem alten Fachwerk und seiner spätgotischen Kirche eine Besichtigung wert.

Zu erwähnen ist noch, daß hier an der Nahe vom Deutschen Verband für Freikörperkultur ein großes FKK-Zentrum geplant ist.

Die erste Bob- und Rodelrennbahn, ohne Schnee und Eis, befindet sich in Simmertal nahe bei der B 41 und in unmittelbarer Nähe der Naheweinstraße. Sie bietet ein neues Sport- und Freizeit-Erlebnis für jung und alt. Ihre Höhendifferenz zwischen Start und Ziel beträgt etwa 80 Meter, die Streckenlänge der Bahn mit Gefälle etwa 460 Meter und die Länge inklusive Start und Auslauf etwa 480 Meter.

Weiler mit seinen alten Ritterhöfen ist ein ebenso uralter Weinbauort wie Martinstein, wo senkrecht aufragende Felsen mit den am westlichen Ende des Weinbaugebietes Nahe liegenden Weinbergen einen eindrucksvollen Kontrast bilden. Von hier führt die Nahe-Weinstraße nach Süden über die Nahe und dann wieder zurück in östlicher Richtung durch Merxheim und Meddersheim, wo auf verwittertem Eruptivgestein ausgezeichnete Riesling-Weine wachsen.

In Sobernheim beginnt das ›Bäder-Tal‹ der Nahe. In diesem aufstrebenden Kurstädtchen hat der Naturarzt Pastor Emanuel Felke gelebt, der die vielfältigen Anwendungen von Licht, Luft, Wasser, Erde, Heil- und Atemgymnastik in Verbindung mit einer vitamin- und mineralstoffreichen

Ernährung zur Felke-Kur zusammengefaßt hat. Als besonderer touristischer Anziehungspunkt ist hier der Aufbau eines Freilichtmuseums geplant. Zwischen Staudernheim und Odernheim, westlich der Einmündung des Glans in die Nahe, erhebt sich der geschichtsträchtige Disibodenberg mit seinen bekannten Rebhängen und der Ruine des alten Klosters. Hier geht der Weg durch eine sonnige, liebliche Weinlandschaft über Duchroth nach Oberhausen, wo wir auf der alten Brücke wieder die Nahe überqueren. An diesem Punkt beginnt ein von seinen Weinlagen her besonders bekannter Teil der Nahe-Weinstraße. Ein ›Feuerwerk‹ nennt der ›Große Weinatlas‹ von Jugh Johnson die Weine, die in aller Welt begehrt und geschätzt sind. Der außerordentlich gute Ruf dieser Weine von Schloßböckelheim und Niederhausen – hier hat die Staatliche Weinbaudomäne ihren Sitz – von Norheim, Traisen und Bad Münster wird ergänzt durch eine landschaftliche Gestalt, die zu den attraktivsten im Südwesten Deutschlands gehört. Sind es zunächst steil ansteigende Rebhänge, deren Höhen eine herrliche Aussicht ins Nahetal bieten, so beginnt bei Norheim das bizarre Bild des schroff aufragenden, zerklüfteten Rotenfels, des höchsten Steilmassivs (Porphyrgestein) nördlich der Alpen.

Das romantisch gelegene Bad Münster am Stein-Ebernburg mit der Burg Franz von Sickingens erfreut sich ständig zunehmender Beliebtheit als Thermal-Sole-Radium-Bad. Nicht minder anziehend sind seine Weine, die in der ›Sonnenfalle‹ des steilen Felsgesteins Feuer und Würze erhalten. Umgeben von roten Felsen, windet sich die Straße entlang der Nahe, vorbei an den Gradierwerken des Salinentals, nach Bad Kreuznach, der ›Hauptstadt‹ des Naheweins. Weinkenner finden hier ein ebenso vielfältiges Angebot wie Feinschmecker und Erholungssuchende. Von den zahlreichen vorbeugenden und heilenden Therapiemöglichkeiten seien hier nur die Inhalationen im Radon-Stollen gegen Gicht, Rheuma und Gelenkerkrankungen erwähnt. Von den Sehenswürdigkeiten seien vor allem die historischen Brückenhäuser über der Nahe, das Faust-Haus und andere Fachwerkbauten der Altstadt genannt. Nicht zu vergessen die Kauzenburg über Bad Kreuznach, die neben einem besonderen architektonischen Reiz – ein hochmoderner Aufbau aus Stahl und Glas ist harmonisch in das 800 Jahre alte Burggemäuer eingefügt – auch den Ruf eines gastronomischen Zentrums von Rheinland-Pfalz aufzuweisen hat.

In Bad Kreuznach wird die zerklüftete Enge des felsigen Nahetals von einer breiten Ebene abgelöst. Großzügig angelegte Weinberge erstrecken sich hier auf leicht ansteigenden Hängen, die von allen Seiten der Einwirkung der Sonne ausgesetzt sind. Die Winzer von Bretzenheim, Langenlonsheim und Laubenheim gehören zu jenen der Nahe, die bereits vor 70 Jahren im Weinbuch von Hamm und Babo für ihre Qualitätsbemühungen besonders gerühmt wurden. Hinter Laubenheim führt die Nahe-Weinstraße zurück zu ihrem Ausgangspunkt, der Trollmühle bei Münster-Sarmsheim.

Wie eingangs schon erwähnt, ist es oftmals lohnend, von der beschilderten Führung der Nahe-Weinstraße einmal abzuweichen. Immer wieder locken der Wein oder die Landschaft zu neuen Entdeckungen, immer wieder überraschen sehenswerte Baudenkmäler als Zeugen einer traditionsreichen Geschichte, immer wieder wird ein kurzer Aufenthalt zu einer Einladung für ein längeres Verweilen. Waldböckelheim, Boos, Nußbaum, Hüffelsheim, Roxheim, Rüdesheim, Hargesheim oder Winzenheim, zwischen den beiden Teilen der Nahe-Weinstraße gelegen, werden die Weinfreunde ebenso ansprechen wie die zwischen dem Soonwald und den im nördlichen Teil gelegenen Weinbauorte Eckenroth, Schöneberg, Hergenfeld und Dalberg. Südlich der Nahe-Weinstraße empfiehlt sich vor allem ein Abstecher ins Gebiet zwischen Glan- und Alsenztal, zum Beispiel über Rehborn zum Fachwerkstädtchen Meisenheim oder nach Obermoschel, Hallgarten, Feilbingert, Altenbamberg und Hochstätten an der Alsenz.

Die neugotische Bergkirche
in Waldböckelheim
und die Lage Kirchberg

233

Diese kurze Beschreibung kann nur Anregungen vermitteln. Zu verschiedenartig sind die Weine der Nahe, zu vielfältig ist die Gestaltung dieser Weinlandschaft, um ihr mit diesem kleinen Führer gerecht werden zu können. Die eigentliche Entdeckung bleibt dem Gast überlassen.«

Weinwanderwege

Im Landkreis Bad Kreuznach sind 57 Wanderparkplätze mit Wanderwegen erstellt und markiert worden. Rund 800 Kilometer Rundwanderwege erschließen die schönsten Teile der Landschaft. Sie führen, je nach den örtlichen Verhältnissen, durch Wälder, Fluren und Weinberge. Dem Weinfreund besonders zu empfehlen sind:

Bingerbrück: Elisenhöhe. Von der B 50 Abfahrt über Wilhelm-Bäumer-Weg und Bangert zur Elisenhöhe (203 m).

Dorsheim: Rheinblick. Waldspitze an der Gemeindegrenze Dorsheim, Laubenheim, Langenlonsheim, etwa 1,5 bis 2 Kilometer außerhalb der Ortslage in der Nähe der Hügelgräber.

Langenlonsheim: Forsthaus. Am Forsthaus im Langenlonsheimer Wald.

Feilbingert: Lemberg. Bei der Lemberghütte (ca. 2,5 Kilometer westlich von Feilbingert).

Staudernheim: Vor dem Jungenwald. Westlicher Ortsausgang (Schulstraße) auf Teerstraße durch Wiesental, Im Bauch, Zum Gemeindewald, Am Jungenwald. ·

Sobernheim: Nachtigallental.

Sponheim: Am Sponheimer Klosterwald. 1,5 Kilometer nordwestlich im Sponheimer Wald (Steinweg).

Braunweiler: Heegwald. Westlich der Ortslage Braunwald an der Heegwaldstraße.

Wallhausen: Zangenberg. In Wallhausen am Waldfestplatz, ab an der Straße nach Sommerloch.

Bockenau: Daubacher Brücke. An der Verbindungsstraße Bockenau-Winterburg, Abzweigung Richtung Daubach.

Monzingen: Ziegelhütte. Bei Monzingen am Wanderer-heim des Hunsrückvereins.

Ein zusammenhängendes Wanderwegenetz im Anbau-gebiet Nahe ist im Entstehen begriffen. Wegen der räum-lichen Entfernungen wird die Erwanderung des gesamten Anbaugebietes nur in mehreren Tagen oder Wochen mög-lich sein. Ein Verzeichnis aller Wanderwege übersendet auf Anfrage das Kreisverkehrsamt Bad Kreuznach. An-schrift: Kreisverwaltung, Salinenstraße 47, 6550 Bad Kreuznach, Telefon: (06 71) 9 53 93, 9 53 92.

Weiter zu empfehlen sind die beiden Weinbaulehrpfade in Niederhausen und in Burg-Layen. Letzterer führt über 30 Stationen etwa 2 Kilometer gut begehbarer Weinbergs-wege. Prospekte sind zu erhalten über: Burg Layer Wein-cabinet, Haus der Pieroth-Weinfreunde, Burg Layen bei Bingen.

Essen und Trinken

Rustikale Gaststuben, Weinlokale und Probierstuben laden allerorts im Weinbaugebiet zur Stärkung und Wein-probe ein. Weniger sind es raffinierte Gerichte, die hier angeboten werden, als vielmehr kräftige Landkost. Vor dem Probieren, Umtrunk oder Schoppenstechen schafft man sich am besten eine solide Unterlage, indem man »Handkäs mit Musik«, »Rippchen mit Kraut« oder Haus-macherwurst, appetitlich garniert auf der »Winzerplatte«, bestellt. Das Vespern oder »Knuschpere« zwischen den Hauptmahlzeiten mit gewürfeltem Hunsrücker Schinken oder Griebenschmalz auf Bauernbrot ist beim Winzer im-mer noch Brauch.

Als warme Hauptmahlzeit sind Wildgerichte mit Pilzen aus dem Soonwald oder Aal in Weinsoße zu empfehlen. Die Spezialität des Gebietes aber sind Idar-Obersteiner »Spießbraten« und »Schaukelbraten«. Das Fleisch wird mit rohen Zwiebeln, Salz, Kräutern und Gewürzen über

Holzkohlenfeuer (Buchen- oder Eichenscheite) gebraten. Beim Spießbraten brät der Schweinerollbraten am rotierenden Spieß, beim Schaukelbraten läßt man Roastbeefstücke oder Hochrippiges auf dreistelzig-hängendem Rost über dem Feuer kreisen. Das Fleisch bleibt saftig und bekommt ein würziges Holzkohlenaroma. Speckkartoffelsalat oder auch nur Bauernbrot werden dazugereicht. Im vorigen Jahrhundert aus Idar-Oberstein in die südamerikanische Pampa ausgewanderte Achatgräber sollen nach ihrer Rückkehr die Kunst des Bratens mit Rost und Spieß in die alte Heimat eingeführt haben.

Ein Spanferkel als Brunnenfigur auf einem Brunnen am Bad Kreuznacher Kornmarkt erinnert an eine Spezialität der unteren Nahe, an die »Spansau mit Füllselkartoffeln«. Die Spansau wird mit Pfeffer, Salz und Thymian gewürzt und im Backofen bei 180° braun und knusprig gebraten. Die Füllselkartoffeln bestehen aus Pellkartoffeln, Leber, Schweinemett und Hausmacher-Leberwurst, gewürzt mit Pfeffer, Salz, Majoran und Muskat. Die Zutaten variieren von Lokal zu Lokal und bestimmen deren Originalität.

Nahewein wird in Römern unterschiedlicher Größe oder im becherförmigen, 0,2 Liter fassenden »Remischen« (Remis-chen gesprochen) serviert.

Die Überlieferung sagt, daß es bereits in der napoleonischen Besatzungszeit mit »petite remise« bezeichnet wurde, wohl um das hier landesübliche kleine Maß von dem in Bingen verwendeten und 0,4 Liter fassenden »Schoppen« oder gar dem 0,5 Liter fassenden Pfälzer Glas zu unterscheiden. Vermutlich kommt der Name von »Remise« = Wagenschuppen, in dem die Pferdeknechte, Postkutschenpassagiere und Reiter sich rasch zwischendurch ein kleines Glas Wein genehmigten.

*Die Ruine der Burg Schloßböckelheim
mit der Lage Felsenberg*

237

Das goldene Remis'chen

Das gebietstypische Remischen-Glas wird auch als Qualitätssymbol den besten Weinstuben und Restaurants der Nahe verliehen. Das sogenannte »Goldene Remis'chen« ist eine Plakette, die seit 1976 einmal jährlich vergeben wird. Sie stellt keinen Wanderpreis dar, sondern verbleibt bei den Gewinnern, solange diese die gestellten Voraussetzungen erfüllen. Die Auszeichnung soll Anerkennung und Ansporn für die Bemühungen sein, den weintypischen Charakter des Naheweinlandes auch in der Gastronomie zu pflegen. Die Bewertung der Lokale wird von einer fachkundigen Jury vorgenommen. Geprüft werden: die äußere Gestaltung des Lokals, behagliche Atmosphäre im Inneren, Berücksichtigung landschafts- und weintypischer Elemente in der Architektur, weintypische Einrichtung und Dekoration, Qualität und Vielfalt landschaftsbezogener Gerichte, freundlicher Service und vor allem

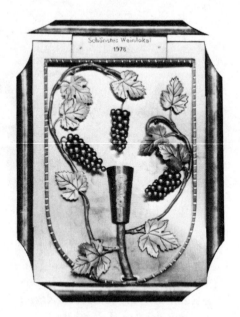

Qualität und Vielfalt des Weinangebotes und die Möglichkeit der Weininformation.

Bisher dürfen das »Goldene Remis'chen« an ihrer Eingangspforte anbringen:

Restaurant und Weinstube KAISERHOF in Guldental,

Restaurant und Weinstube DEUTSCHES HAUS in Münster am Stein-Ebernburg und

Weinstube, Kurhotel DER QUELLENHOF in Bad Kreuznach.

Weitere Informationen: Hotel- und Gaststättenverband, Baumgartenstraße 4, 6550 Bad Kreuznach.

Straußwirtschaften

Außer Gaststätten gibt es Straußwirtschaften, die durch Heraushängen eines Straußes kenntlich gemacht sind. Durch Landesverordnung von 1971 ist es hauptberuflichen Winzern erlaubt, selbsterzeugte Weine längstens 4 Monate im Jahr hintereinander oder in zwei Zeitabschnitten auszuschenken.

Der Ausschank ist nur in Räumen des Weinbaubetriebes zulässig. Die Verbindungen mit Schank-, Speisewirtschaft oder Beherbergungsbetrieb ist untersagt. Die Sitzplatzzahl ist auf 40 begrenzt. Kalte und einfache, warm bereitete Speisen dürfen verabreicht werden. Wer eine Straußwirtschaft betreiben will, muß dieses anzeigen und die vorgesehenen Weine, die zum Ausschank kommen sollen, mitteilen. In den Straußwirtschaften erhält man preiswert ein Glas Wein und häufig »Handkäs mit Musik«. Diese oder jene Straußwirtschaft hat Besonderheiten, die es lohnt, durch einen Besuch in Erfahrung zu bringen.

Nachfolgendes Verzeichnis führt die beim Weinbauverband gemeldeten Straußwirtschaften an:

Weingut »Sonnenhof«
Friedrich Laubenstein, Sonnenhof, 6551 Altenbamberg, Telefon (0 67 08) 23 26
30 Personen, warme und kalte Küche.

Weingut »Winzerhof Vallerius«
Klaus Vallerius, Sandhübel, 6550 Bad Kreuznach, Telefon (0 6 71) 2 70 30
40 Personen, Handkäs mit Musik, Hausmacher Wurstplatte.

»Weinbau-Weinkellerei Karl Jakob Schwarz,
Inh. Hans-Willi Schwarz«
Hans-Willi Schwarz, Winterburger Straße 17, 6551 Bockenau, Telefon (0 67 58) 65 27
35 Personen, Spießbratenbrote, Käse- und Schinkenbrote, Zwiebelkuchen, eigene Hausschlachtung.

Weingut »Jägerhof«
Axel Massing, Binger Straße 15 a, 6551 Bretzenheim, Telefon (0 6 71) 2 68 99
warme Würstchen, Hamburger, Frikadellen.

Weinbau Gertrud Roßkopf
Ringstraße 2, 6551 Hargesheim, Telefon (0 6 71) 3 01 85
40 Personen, Handkäs mit Musik, Eier mit Speck, Hausmacher Wurstplatte usw.

Weingut »Gutenberger«
Friedrich Gutenberger, Heumarkt 6, 6536 Langenlonsheim, Telefon (0 67 04) 13 77
40 Personen, Winzerplatte, Federweißer und Zwiebelkuchen.

Weinbau Hugo Müller
Naheweinstraße 192, 6536 Langenlonsheim, Telefon (0 67 04) 15 04
40 Personen, kalte Küche.

Die Verwaltungs- und Kellereigebäude
der Staatlichen Weinbaudomänen
Niederhausen-Schloßböckelheim
mit den Lagen Niederhäuser Hermannsberg
und Schloßböckelheimer Kupfergrube

241

Weingut Horst Schnell
Weidenpfad 26, 6531 Laubenheim, Telefon (0 67 04) 12 04
40 Personen, Handkäs mit Musik, Hausmacher Wurstplatte,
Hackbraten, Steaks.

Weingut Bamberger, Heinrich und Manfred Bamberger
Kreuznacher Straße 25, 6551 Mandel, Telefon (06 71) 2 84 47
und 3 12 47
40 Personen, Winzerteller, Griebenschmalzbrot, Käse- und
Schinkenbrot, Weinkäse mit Wingertsknorze, Handkäs mit
Musik, Pfälzer Saumagen.

Weingut Wilhelm Closheim
Römerstraße 7, 6531 Münster-Sarmsheim, Telefon (0 67 21)
3 22 07
40 Personen, Grill-Steaks, Hausmacher Wurstplatte, Käse-
und Schinkenbrote usw.

Weingut Walter Bäder & Söhne
Hans-Walter Bäder, Jahnstraße 2, 6551 Rüdesheim, Telefon
(06 71) 3 14 20
35 Personen, Handkäs mit Musik, Hausmacher Wurstplatte,
Käse- und Schinkenbrote, auf Wunsch Spießbraten für größere
Personengruppen.

Weingut »Lindenhof«
Anton Schneider, Lindenstraße 3, 6531 Rümmelsheim, Telefon (0 67 21) 3 31 85
40 Personen, kalte Küche.

Weingut Karl Josef Eckes
Walter Eckes, Traubenstraße 11, 6551 Wallhausen, Telefon
(0 67 06) 4 00
40 Personen, Hausmacher Wurstplatte, Käse-Spezialitäten.

Weingut »Schmidtburger Hof«
Karl-Heinz Reichardt, Hauptstraße 20, 6571 Weiler, Telefon
(0 67 54) 4 52
40 Personen, Pfälzer Saumagen, auf Wunsch Spanferkel,
Spießbraten für größere Personengruppen.

Weinproben

Es gibt in zahlreichen Ortschaften Weinprobierstände, die in den Frühjahrs-, Sommer- und Herbstmonaten vor allem sonntags geöffnet sind.

In zahlreichen kleineren, mittleren und größeren Weinbaubetrieben, Weinhandelsbetrieben und Genossenschaften sind Besichtigungen, verbunden mit fachlichen Erläuterungen sowie mit Weinproben, möglich. Wer es eilig hat, kann Wein probieren und gleich käuflich erwerben. Besuchern mit Muße ist eine Betriebsbesichtigung zu empfehlen. Die Führungen durch Weinberge, Betriebe und Weinkeller mit Probe finden meist montags bis freitags, gelegentlich auch samstags statt. Kleinere Betriebe können Gruppen zwischen 5 und 30, größere Betriebe noch mehr Personen aufnehmen. Von der Möglichkeit dieser Führungen wird in wachsendem Umfang bei Betriebsausflügen und Vereinsfahrten Gebrauch gemacht. Die günstigen Autobahnverbindungen zur Nahe ermöglichen die Hin- und Rückfahrt am gleichen Tag.

Kein Weintourist sollte sich im Naheland ohne nachstehenden Führer der beim Weinbauverband gemeldeten Probierstuben auf den Weg machen.

Eine »weinige« Empfehlung

Mitgliedsbetriebe des Weinbauverbandes Nahe unterhalten häufig Probierstuben. Sie sind einladend und modern bis rustikal ausgestattet. Man kann hier Weine des betreffenden Weingutes verkosten und einkaufen.

Um Nahewein an der Quelle kennenzulernen, besteht die Möglichkeit, dieses in den einzelnen Weingütern vorzunehmen.

Folgende Betriebe laden zu einem Besuch ein:

6550 Bad Kreuznach
Weingut Ökonomierat August E. Anheuser
Brückes 53, Telefon (06 71) 2 82 01
Weinprobe nach Vereinbarung von montags bis donnerstags von 7.30 Uhr bis 16.30 Uhr; freitags von 7.30 bis 15.00 Uhr. Bis zu 40 Personen.
Rustikale Ausstattung, historische Gegenstände.

Weingut Paul Anheuser
Stromberger Straße 15–19, Telefon (06 71) 2 87 48
Weinprobe von montags bis freitags von 8.00 bis 17.00 Uhr; samstags und sonntags nach Vereinbarung. Bis zu 20 Personen.
Rustikale Ausstattung.

Weingut August Grünewald »Antonienhof«
Brückes 31 A, Telefon (06 71) 3 41 12
Weinprobe täglich nach Vereinbarung. Bis zu 20 Personen.
Rustikale Ausstattung.

Weingut Helmut Kolb
Winzenheimer Höhe, Telefon (06 71) 3 00 45 / 46
Weinprobe von montags bis donnerstags von 7.30 Uhr bis 12.00 Uhr und von 13.00 Uhr bis 16.30 Uhr; freitags nach Vereinbarung. Bis zu 25 Personen.
Moderne Ausstattung, historische Gegenstände.

Weingut – Weinkellerei – Export
Reichsgräflich von Plettenberg'sche Verwaltung
Winzenheimer Straße, Telefon (06 71) 22 51
Weinprobe von montags bis donnerstags von 10.00 Uhr bis
12.30 Uhr und von 14.00 Uhr bis 16.30 Uhr; freitags von
9.30 Uhr bis 12.00 Uhr. Außerhalb der Geschäftszeit nach Ver-
einbarung. Bis zu 25 Personen.
Rustikale Ausstattung, historische Gegenstände.

6550 Bad Kreuznach-Planig 11

Weinbau-Weinkellerei Christian und Richard Emrich
Burgundenstraße 1–3, Telefon (06 71) 6 58 35
Weinprobe von montags bis samstags von 8.00 bis 12.00 Uhr
und von 13.00 Uhr bis 18.00 Uhr; sonntags von 8.00 Uhr bis
12.00 Uhr. Bis zu 30 Personen.
Rustikale und moderne Ausstattung, historische Gegenstände.

Weingut Zehmer
Mahlborner Hof, Telefon (06 71) 6 58 34
Weinprobe samstags von 8.00 Uhr bis 18.00 Uhr; sonntags
bis freitags nach Vereinbarung. Bis zu 10 Personen.
Rustikale und moderne Ausstattung.

6550 Bad Kreuznach-Bosenheim 12

Weingut Johanneshof, August Korrell und Sohn
Parkstraße 4, Telefon (06 71) 6 36 30
Weinprobe täglich nach Vereinbarung bis 20.00 Uhr. Bis zu
25 Personen.
Rustikale Ausstattung, historische Gegenstände.

Weingut am Katharinenstift, Joh. Wilh. Korrell und Sohn
Karl-Sack-Straße 9, Telefon (06 71) 6 24 90
Weinprobe täglich nach Vereinbarung. Bis zu 25 Personen; bis
zu 50 Personen im 200 Jahre alten Gewölbekeller.
Rustikale Ausstattung, historische Gegenstände.

6552 Bad Münster am Stein-Ebernburg 2

Weingut Jung-Ebernburg, Karl Jung
Burgstraße 8, Telefon (0 67 08) 22 26
Weinprobe täglich nach Vereinbarung. Bis zu 20 Personen.
Rustikale Ausstattung, historische Gegenstände.

Weingut und Gästehaus Rapp
Feilerstraße 15, Telefon (o 67 o8) 23 12
Weinprobe täglich. Bis zu 20 Personen.
Gästehaus: Fremdenzimmer für Wochenendurlauber und
Feriengäste.

6551 Bockenau
Weingut Schäfer / Fröhlich
Naheweinstraße 6, Telefon (o 67 58) 65 21
Weinprobe nach Vereinbarung. Bis zu 35 Personen.
Rustikale Ausstattung, historische Gegenstände.

Weingut Karl Jakob Schwarz, Inh. Hans-Willi Schwarz
Winterburger Straße 17, Telefon (o 67 58) 65 27
Weinprobe nach Vereinbarung. Bis zu 35 Personen.
Rustikale Ausstattung, historische Gegenstände.

6551 Braunweiler
Weingut-Waldhof, Edwin Schwarz
Waldhofstraße, Telefon (o 67 o6) 3 34
Weinprobe nach Vereinbarung. Bis zu 6 Personen.
Moderne Ausstattung.

6551 Bretzenheim
Weingut Wolfgang Block
Naheweinstraße 27, Telefon (o6 71) 3 14 39
Weinprobe nach Vereinbarung von montags bis samstags. Bis
zu 18 Personen.
Rustikale Ausstattung.

Weingut Wolfgang Hermes
Notgottesweg 3, Telefon (o6 71) 2 95 55
Weinprobe nach Vereinbarung. Bis zu 10 Personen.
Rustikale Ausstattung.

6531 Burg Layen
Weingut Dr. Josef Höfer
Schloßmühle
Naheweinstraße 2, Telefon (o 67 21) 3 22 09
Weinprobe nach Vereinbarung. Bis zu 20 Personen.
Rustikale Ausstattung, historische Gegenstände.

Weingut-Weinversand Joh. Bapt. Schäfer
Hauptstraße 8, Telefon (0 67 21) 3 28 52
Weinprobe nach Vereinbarung. Bis zu 16 Personen.
Rustikale Ausstattung.

Weingut Michael Schäfer, Aussiedlung Rotenberg
Hauptstraße 15, Telefon (0 67 21) 3 23 40
Weinprobe von montags bis freitags von 8.00 bis 17.00 Uhr;
samstags und sonntags nach Vereinbarung. Bis zu 40 Personen.
Rustikale Ausstattung.

6531 Dorsheim
Weingut Meinolf Schömehl
Binger Straße 5, Telefon (0 67 21) 3 22 75
Weinprobe nach Vereinbarung. Bis zu 20 Personen.
Rustikale Ausstattung.

6551 Duchroth
Weingut Helmut Dautermann
Inh. Ing. (grad.) Walter Dautermann
Naheweinstraße 39, Telefon (0 67 55) 3 31
Weinprobe täglich nach Vereinbarung. Bis zu 12 Personen.
Moderne Ausstattung, historische Gegenstände.

Weinstube Albert Immerheiser & Söhne
Naheweinstraße, Telefon (0 67 55) 3 98
Weinprobe von dienstags bis sonntags von 10.00 Uhr bis
23.00 Uhr. Bis zu 35 Personen.
Rustikale Ausstattung.

6531 Guldental
Weingut Gerhard Herrmann
Naheweinstraße 33, Telefon (0 67 07) 10 19
Weinprobe nach Vereinbarung. Bis zu 20 Personen.
Rustikale Ausstattung.

Weingut Ferdinand Schmitt
Kreuznacher Straße 33, Telefon (0 67 07) 6 16
Weinprobe nach Vereinbarung. Bis zu 20 Personen.
Rustikale Ausstattung.

Weingut St. Marienhof, Manfred Schmitt
Telefon (o 67 07) 6 28
Weinprobe nach Vereinbarung. Bis zu 25 Personen.
Rustikale Ausstattung, historische Gegenstände.

6531 Guldental-Heddesheim
Weingut Philipp Brauch
Kreuznacher Straße 17, Telefon (o 67 07) 6 31
Weinprobe nach Vereinbarung. Bis zu 25 Personen.
Rustikale Ausstattung, historische Gegenstände.

Weingut Franz Karl Kruger
Waldhilbersheimer Straße 12, Telefon (o 67 07) 6 68
Weinprobe von montags bis sonntags von 7.00 Uhr bis
16.30 Uhr oder nach Vereinbarung. Bis zu 8 Personen.
Rustikale Ausstattung, historische Gegenstände.

6536 Langenlonsheim
Weingut Hans Closheim
Naheweinstraße 105, Telefon (o 67 04) 7 86
Weinprobe nach Vereinbarung. Bis zu 8 Personen.
Probierraum.

Weingut Christoph Feldmann und Söhne
Naheweinstraße 239, Telefon (o 67 04) 12 68
Weinprobe täglich; bei größeren Gesellschaften nach Verein-
barung. Bis zu 80 Personen.
Rustikale Ausstattung.

Weingut Gutenberger
Heumarkt 6, Telefon (o 67 04) 13 77
Weinprobe nach Vereinbarung. Bis zu 40 Personen.

Weingut Johannes Haas
Naheweinstraße 210, Telefon (o 67 04) 12 43
Weinprobe nach Vereinbarung. Bis zu 40 Personen.
Rustikale Ausstattung, historische Gegenstände.

Weingut Lersch
Cramerstraße 28 und 34, Telefon (o 67 04) 12 30
Weinprobe nach Vereinbarung. Bis zu 50 Personen.
Rustikale und moderne Ausstattung.

Weingut Bürgermeister Willi Schweinhardt Nachf.
Heddesheimer Straße 1, Telefon (o 67 04) 12 76
Weinprobe nach Vereinbarung. Bis zu 30 Personen.
Rustikale und moderne Ausstattung.

6531 Laubenheim

Weingut »Dreimädelhaus«, Elfriede Memmesheimer
Am spitzen Morgen 7, Telefon (o 67 04) 6 34
Weinprobe nach Vereinbarung. Bis zu 13 Personen.
Rustikale Ausstattung, historische Gegenstände.

Weingut Noll-Eichholtz
Naheweinstraße 62, Telefon (o 67 04) 13 78
Weinprobe täglich nach Vereinbarung. Bis zu 8 Personen.
Rustikale Ausstattung.

Weingut Hans Friedel Schnell
Oberer Weidenpfad 19, Telefon (o 67 04) 13 84
Weinprobe nach Vereinbarung. Bis zu 15 Personen.
Rustikale Ausstattung.

6551 Mandel

Weingut Römerhof, Erwin Baumberger
Römerstraße 10, Telefon (o6 71) 3 01 44
Weinprobe von montags bis freitags von 18.00 bis 19.30 Uhr;
samstags und sonntags nach Vereinbarung. Bis zu 12 Personen.
Rustikale Ausstattung.

6553 Meddersheim

Winzergenossenschaft und Weinkellerei Rheingrafenberg eG.
Naheweinstraße, Telefon (o 67 51) 26 67
Weinprobe von montags bis freitags von 8.00 bis 12.00 Uhr
und von 13.00 Uhr bis 17.30 Uhr; samstags von 8.00 Uhr bis
12.00 Uhr. Außerhalb der Geschäftszeiten nach Vereinbarung.
Bis zu 20 Personen und bis zu 65 Personen.
Zwei Probierstuben mit rustikaler Ausstattung, historische
Gegenstände.

6551 Monzingen
Weingut Eckhard Alt
Hauptstraße 67, Telefon (o 67 51) 32 76
Weinprobe täglich nach Vereinbarung. Bis zu 20 Personen.
Rustikale Ausstattung.

Weingut Emrich-Schönleber
Soonwaldstraße, Telefon (o 67 51) 27 33
Weinprobe von montags bis samstags von 8.00 bis 19.00 Uhr;
sonntags nach Vereinbarung. Bis zu 10 und bis zu 60 Personen.
Zwei Probierstuben mit rustikaler Ausstattung.

Weingut-Weinversand Werner Jaeger
Soonwaldstraße 23, Telefon (o 67 51) 38 47
Weinprobe nach Vereinbarung. Bis zu 8 Personen.
Rustikale Ausstattung.

Weingut Erich Schauß und Sohn
Römerstraße 5, Telefon (o 67 51) 28 82
Weinprobe täglich nach Vereinbarung. Bis zu 15 Personen.
Rustikale Ausstattung, historische Gegenstände.

6551 Niederhausen
Weingut Karl Robert Führer
Winzerstraße 2, Telefon (o 67 58) 67 71
Weinprobe von montags bis samstags von 8.00 bis 18.00 Uhr
oder nach Vereinbarung. Bis zu 25 Personen.
Rustikale Ausstattung.

Weingut Jakob Schneider
Winzerstraße 15, Telefon (o 67 58) 67 01
Weinprobe nach Vereinbarung von montags bis sonntags von
7.00 Uhr bis 21.00 Uhr. Bis zu 50 Personen.
Rustikale Ausstattung, historische Gegenstände.

Weingut Reinhold Stephan
Winzerstraße 6, Telefon (o 67 58) 67 65
Weinprobe täglich nach Vereinbarung. Bis zu 20 Personen.

6551 Oberhausen
Weingut Hermann Dönnhoff
Bahnhofstraße 11, Telefon (0 67 55) 2 63
Weinprobe täglich nach Vereinbarung. Bis zu 15 Personen.
Rustikale Ausstattung.

Weingut Karl Stein
Stielstraße 12, Telefon (0 67 55) 2 42
Weinprobe von montags bis samstags. Bis zu 25 Personen.
Rustikale Ausstattung, historische Gegenstände.

6763 Obermoschel
Weingut Wilhelm Schmidt
Luitpoldstraße 24, Telefon (0 63 62) 12 65
Weinprobe täglich bis 20.00 Uhr. Bis zu 16 Personen.
Rustikale Ausstattung.

6551 Odernheim
Weingut Schick
Untergasse 1, Telefon (0 67 55) 4 57
Weinprobe täglich nach Vereinbarung. Bis zu 20 Personen.
Rustikale Ausstattung.

Weingut Fritz Schmidt Erben
Am Disibodenberg, Telefon (0 67 55) 3 19
Weinprobe nach Vereinbarung. Bis zu 25 Personen; bis zu
150 Personen bei rechtzeitiger Anmeldung.
Moderne Ausstattung.

6551 Rüdesheim
Weingut Jakob Bäder & Sohn
Rüdesheimer Hof, Telefon (06 71) 2 66 65
Weinprobe von montags bis freitags von 14.00 bis 22.00 Uhr;
samstags und sonntags nach Vereinbarung. Bis zu 35 Personen.
Rustikale Ausstattung.

6551 Schloßböckelheim
Weingut & Weinkellerei GmbH. Niederthäler Hof
Telefon (0 67 58) 69 96 / 97
Weinprobe täglich von 9.00 Uhr bis 19.00 Uhr. Bis zu 80 Personen.
Rustikale Ausstattung, historische Gegenstände.

6531 Schweppenhausen
Weinbau-Weinversand Karl Seckler
Naheweinstraße 38, Telefon (0 67 24) 88 37
Weinprobe täglich nach Vereinbarung. Bis zu 15 Personen.
Probierraum.

6553 Sobernheim
Weingut Schneider
Meddersheimer Straße 29, Telefon (0 67 51) 25 05
Weinprobe nach Vereinbarung ab 30 Personen. Bis zu 70 Personen.
Rustikale Ausstattung.

6531 Waldalgesheim
Weingut F. W. Jung
Ernst-Esch-Straße 4, Telefon (0 67 21) 3 48 77
Weinprobe täglich nach Vereinbarung. Bis zu 40 Personen.
Rustikale Ausstattung, historische Gegenstände.

6551 Waldböckelheim
Weingut Hermann Emmerich
Hauptstraße 44, Telefon (0 67 58) 4 26
Weinprobe von montags bis samstags von 9.00 bis 18.00 Uhr
oder nach Vereinbarung. Bis zu 45 Personen.
Rustikale Ausstattung, historische Gegenstände.

6531 Waldlaubersheim
Weinhof Gräff-Stallmann
Genheimer Straße 7, Telefon (0 67 07) 4 76
Weinprobe nach Vereinbarung. Bis zu 50 Personen.
Rustikale Ausstattung, historische Gegenstände.

Weincastell Schilling-Gilbert
Danziger Straße 8, Telefon (0 67 07) 4 98
Weinprobe täglich von 7.00 Uhr bis 21.00 Uhr. Bis zu 60 Personen.
Rustikale Ausstattung, historische Gegenstände.

Weingut Schloßhof, Werner Burckhardt
Schloßhof 1, Telefon (0 67 07) 4 89
Weinprobe täglich nach Vereinbarung. Bis zu 12 Personen.
Rustikale Ausstattung.

6551 Wallhausen

Weingut H. Eckes Söhne
Am Gräfenbach 10, Telefon (0 67 06) 2 16
Weinprobe nach Vereinbarung. Bis zu 16 Personen; bis zu
60 Personen im Gewölbekeller.
Rustikale Ausstattung, historische Gegenstände.

Weingut Theobald Eckes
Hauptstraße 33, Telefon (0 67 06) 2 79
Weinprobe nur für eigene Kunden. Bis zu 20 Personen.
Rustikale Ausstattung.

Weingut Franz Jäckel
Traubenstraße 12, Telefon (0 67 06) 3 20
Weinprobe nach Vereinbarung. Bis zu 90 Personen.
Rustikale Ausstattung.

Prinz zu Salm-Dalberg'sches Weingut
Schloß Wallhausen, Telefon (0 67 06) 2 89
Weinprobe von montags bis freitags von 8.00 bis 17.00 Uhr
oder nach Vereinbarung. Bis zu 10 Personen; bis zu 50 Perso-
nen im alten Gewölbekeller.
Rustikale Ausstattung, historische Gegenstände.

Weingut Berthold Schmitt
Traubenstraße 20, Telefon (0 67 06) 10 70
Weinprobe nach Vereinbarung. Bis zu 20 Personen.
Rustikale Ausstattung, historische Gegenstände.

Weingut Sonnenborner Hof, Richard Knoth
Telefon (0 67 06) 16 00
Weinprobe täglich nach Vereinbarung. Bis zu 25 Personen.
Rustikale Ausstattung.

Weingut Heinrich Weis und Sohn
Gutenberger Straße 20, Telefon (0 67 06) 2 85
Weinprobe nach Vereinbarung. Bis zu 25 Personen.
Rustikale Ausstattung, historische Gegenstände.

6571 Weiler
Weingut Schmidtburger Hof, Karl-Heinz Reichardt
Hauptstraße 20, Telefon (0 67 54) 4 52
Weinprobe täglich. Bis zu 50 Personen. Spezialitäten für größere Gesellschaften nach Bestellung.
Rustikale Ausstattung, historische Gegenstände.

6531 Windesheim
Weingut Bretz-Koebernik
Lindenstraße 4, Telefon (0 67 07) 2 60
Weinprobe täglich nach Vereinbarung. Bis zu 30 Personen.
Rustikale Ausstattung.

Weingut Horst Dielhenn
Römerbergblick 1, Telefon (0 67 07) 10 67
Weinprobe täglich nach Vereinbarung. Bis zu 20 Personen.
Rustikale Ausstattung.

Weingut Konrad Knodel
Kreuznacher Straße 21, Telefon (0 67 07) 2 32
Weinprobe von montags bis freitags von 9.00 bis 12.00 Uhr und von 13.00 Uhr bis 19.00 Uhr oder nach Vereinbarung.
Bis zu 17 Personen.
Rustikale Ausstattung.

Weingut Lindenhof, Winzermeister Herbert Reimann
Telefon (0 67 07) 3 30
Weinprobe täglich nach Vereinbarung. Bis zu 40 Personen.
Rustikale Ausstattung.

Weingut Heinrich Marx und Sohn
Im Setzling 6, Telefon (0 67 07) 3 16
Weinprobe nach Vereinbarung. Bis zu 25 Personen.
Rustikale Ausstattung, historische Gegenstände.

Weingut Schmidt-Kunz
Bahnhofstraße 17–19, Telefon (0 67 07) 2 42
Weinprobe täglich nach Vereinbarung. Bis zu 20 Personen.
Rustikale Ausstattung, historische Gegenstände.

Monzingen. Der alte Ortskern mit der
Kirche aus dem 12. Jahrhundert.
Im Hintergrund die Lage Monzinger Rosenberg

Weinfeste

Das »Fest rund um die Naheweinstraße« am letzten Wochenende im August und am ersten Wochenende im September jeden Jahres ist eine Einmaligkeit unter den vielen deutschen Weinfesten. Daß ein ganzes Weinbaugebiet am gleichen Tag feiert, kann man nur an der Naheweinstraße erleben. In rund drei Dutzend Ortschaften wird das Remischen gefüllt und geschwenkt, und Einheimische und Besucher finden sich zu Frohsinn, Tanz und Wein zusammen.

Aus dem gemeinsamen Reigen der Weinfeste tanzt aufgrund seiner alten Tradition und Überlieferung nur der Bad Kreuznacher Jahrmarkt heraus. Er ist seit 1361 nachweisbar, also über 600 Jahre alt, und mit rund 500 000 Besuchern aus der näheren und weiteren Umgebung eines der größten Volksfeste in Südwest-Deutschland. Der Bad Kreuznacher Jahrmarkt wurde bis zum Jahre 1709 in der Stadt gefeiert und danach auf die Pfingstwiese verlegt, wo er noch heute stattfindet. Dem damaligen Maire erschien die Stadt zu eng und auch zu unübersichtlich für den Riesenbetrieb, den das Fest mit sich brachte. Er verpflanzte es von den Märkten der Stadt und den Nebengassen und Wirtshäusern, in denen es 14 Tage lang über die Brücken hinweg lustig zuging, auf den freien Platz vor die Stadt. In einem Großzelt wird Nahewein zu volkstümlichen Preisen ausgeschenkt. Dieses Naheweinzelt ist mit 1625 Quadratmetern mittlerweile eines der größten Zelte auf dem Bad Kreuznacher Jahrmarkt und hat diesem eine beachtliche Zunahme an Lokalkolorit vermittelt. Zwanzig Weingüter schenken dort ihre Kreszenzen aus. Naneben ist die Möglichkeit gegeben, sich mit einem Schaukelbraten zu stärken. Das Weinzelt ist zum Mittelpunkt des Bad Kreuznacher Jahrmarktes geworden. Es hat neue und größere Besucherkreise angezogen. Der Weinumsatz ist beachtlich, es werden an fünf Tagen immerhin mehr als 50 000 Liter Wein in diesem Zelt getrunken.

Wochenendseminare für Weinfreunde

Im August, September und Oktober jeden Jahres veranstaltet die Werbegemeinschaft Weinland Nahe e. V. in Zusammenarbeit mit der Landes-Lehr- und Versuchsanstalt für Weinbau in Bad Kreuznach und der Staatlichen Weinbaudomäne Niederhausen-Schloßböckelheim Wochenendseminare für Weinfreunde. Sie beginnen Samstag früh um 8.00 Uhr und enden Sonntag gegen Abend. Das Programm kombiniert theoretischen Unterricht mit Besichtigungen und Demonstrationen in Weinberg und Keller und vor allem mit Weinproben.

Anmeldungen nimmt entgegen: »Weinland Nahe«, Am Kornmarkt 6, 6550 Bad Kreuznach.

Naheweinseminare auf Schloß Dhaun, Träger sind der Weinbauverband Nahe, Mannheimer Straße 148, 6550 Bad Kreuznach und die Heimvolkshochschule Schloß Dhaun.

Anfragen sind zu richten an: Heimvolkshochschule Schloß Dhaun, 6571 Hochstetten-Dhaun.

und bei arbeitswirtschaftlichen Themen Grundlagen schaffte. Heute ist die im Ertrag stehende Fläche 45 Hektar groß.

Die »*Prüfstelle für Qualitätswein*« des Anbaugebietes Nahe, Bad Kreuznach, Landwirtschaftskammer Rheinland-Pfalz, Planiger Straße 36 a, Telefon (06 71) 6 66 13, hat die Aufgabe, die Qualitätsweine des Anbaugebietes Nahe entsprechend den gesetzlichen Bestimmungen zu kontrollieren. Kommissionen prüfen hier in regelmäßigen Zeitabständen die von Weinbau, Weinhandel und Genossenschaften angestellten Weine; bei erfolgreicher Prüfung wird die Kontrollnummer erteilt.

Der »*Weinbauverband Nahe*«, Mannheimer Straße 148, Bad Kreuznach, Telefon (06 71) 3 37 17, ist die berufsständische Organisation und Standesvertretung der Winzer; sie ist eingeschlossen im Bauern- und Winzerverband an Nahe und Glan. 1847 ist der erste berufsständische Zusammenschluß der Winzer an der Nahe mit wirtschaftspolitischer Zielsetzung zur Erhaltung und Stärkung des Naheweinbaues dokumentiert. Der Weingutsbesitzer Euler in Laubenheim gründete am preußischen Oberrhein einen Weinproduzentenverein.

Nach dem Zweiten Weltkrieg wurde 1951 der *Bauern- und Winzerverband* gegründet. In jeder weinbautreibenden Gemeinde gibt es einen Ortsverband, der in vierjährigem Rhythmus seinen Vorsitzenden wählt. Dieser wiederum hat Sitz und Stimme in der alljährlich stattfindenden Delegiertentagung, die ebenfalls alle vier Jahre den Vorsitzenden des Weinbauverbandes Nahe wählt, der Sitz und Stimme im Deutschen Weinbauverband e. V. Bonn hat. Marktordnerische Maßnahmen, Beeinflussung der Wein- und Steuergesetzgebung, Betreuung und Beratung der Einzelmitglieder sind seine wichtigsten Aufgaben. Die zügige Durchführung der Flurbereinigung (das Anbaugebiet ist ca. zu 90 Prozent bereinigt) wäre ohne das Zusammenwirken der Standesorganisation mit Behörden, die häufig auf Initiative derselben geschaffen wurden,

Disibodenberg Odernheim mit der
Klosterruine und Blick auf die Lage
Odernheimer Kloster Disibodenberg

undenkbar. Aber auch die Detailarbeiten wie das Naheweinzelt auf dem Kreuznacher Jahrmarkt, die Schaffung der Naheweinstraße oder das Herausgeben des ersten touristischen Führers über dieses Anbaugebiet sind im Zusammenwirken mit anderen Institutionen Marksteine dieser Arbeit.

»Weinland Nahe e. V.«, Bad Kreuznach, Kornmarkt 6, Telefon (06 71) 2 75 63. Die für das Anbaugebiet Nahe zuständige Gebietsweinwerbung wurde 1951 aus dem Bauern- und Winzerverband heraus gegründet. In ihr sind Weinbau, Kommunen und Kreise, Gastronomie und Weinhandel vertreten. Sie veranstaltet Weinseminare und betätigt sich auf Messen und Ausstellungen außerhalb des Anbaugebietes. Sie informiert durch Weinproben und Informationsschriften über Nahewein und das Anbaugebiet Nahe.

»Weinorden an der Nahe e. V.«, Bad Kreuznach, Mannheimer Straße 148, Telefon (06 71) 3 37 17, ist als Weinbruderschaft für das Anbaugebiet Nahe zuständig. Sein Ziel ist vor allem die Förderung von Kultur und Geschichte des Naheweines; aber er stellt auch eine gesellschaftliche Verbindung zwischen Freunden des Naheweines und der hier Tätigen her. Er veranstaltet regelmäßig Vorträge, Fahrten und Treffen, die diesem Zweck dienen. Er gibt eine Schriftenreihe heraus, in der bisher 4 Broschüren erschienen sind.

»Verband der Weinkellereien an der Nahe e. V.«, Postfach 5 73, Planiger Straße 154, Telefon (06 71) 6 60 51, Bad Kreuznach, ist die Standesvertretung der Weinhändler im Anbaugebiet Nahe. Er vertritt die handels- und wirtschaftspolitischen Interessen seiner Mitglieder und ist Mitglied des Bundesverbandes in Bonn.

Die Moschellandsburgruine bei Obermoschel
mit der Lage Schloßberg

»*Versuchsring untere Nahe e.V.*«, Rümmelsheim, Telefon (0 67 21) 3 53 33. Er wurde 1960 gegründet. Sein Ziel ist es, Neuzüchtungen auf ihre Anbauwürdigkeit für das Anbaugebiet Nahe zu untersuchen. Etwa 25 Mitgliedsbetriebe kultivieren im praktischen Anbauversuch neue Rebsorten, die nach objektiven Kriterien ausgewertet und untersucht werden.

»*Erster Versteigerungsring der Naheweingüter e.V. Bad Kreuznach*«. Erstmals begannen Anfang der 20er Jahre Naheweingüter in eigener Regie ihre Weine zu versteigern, meist im Halb- und Viertelstück nebst einigen Losen an Flaschenwein. Es taten sich dann Kreuznacher Güter zusammen, gründeten den »Verein der Naturweinversteigerer an der Nahe e.V. Bad Kreuznach« und schlossen sich dem »Verband Deutscher Naturweinversteigerer e.V.« an. Jährlich, in den Anfangsjahren meist im Oktober oder November, wurde im großen Saal des Kolpinghauses die Versteigerung durchgeführt. Nach dem Zweiten Weltkrieg kam es 1949 zu einem neuen Zusammenschluß, dem »Versteigerungsring der Naheweingüter e.V. Bad Kreuznach«. Diesem Ring gehörten sieben Güter an, die die Versteigerungen beschickten. Neben Faßweinen wurden Flaschenweine, meist in Losen zu 200 oder 300 Flaschen, ausgeboten. Das Hauptanliegen der Güter war es, die Qualität ihrer Erzeugnisse zu propagieren und ihren Bekanntheitsgrad zu erhöhen. Gegen Mitte der 60er Jahre bekundeten noch mehr Güter ihre Absicht, diesem Versteigerungsring beizutreten. Man wollte in dieser Institution die Anzahl der Mitglieder aber begrenzt halten und benannte sie in »1. Versteigerungsring der Naheweingüter e.V. Bad Kreuznach« um – der 2. Ring wurde jedoch nicht gegründet.
Folgende Weingüter gehören heute dem Ring an: Weingut Ökonomierat August E. Anheuser (57 ha); Weingut Paul Anheuser (60 ha); Reichsgräfliche von Plettenberg'-sche Weingutsverwaltung (40 ha); Staatsweingut Wein-

baulehranstalt Bad Kreuznach (26 ha); Verwaltung der Staatlichen Weinbaudomäne Niederhausen (45 ha).

Die Güter bringen auf den Versteigerungen, die jeweils im Mai im Großen Saale des Kurhauses Bad Kreuznach stattfinden, nur noch Flaschenweine zum Ausgebot. Der Riesling aus Hang- und Steillagen dominiert dabei.

Versteigerungskataloge können angefordert werden bei der Geschäftsstelle Brückes 53, 6550 Bad Kreuznach, Telefon (06 71) 3 31 09.

»*Verband der Weinkommissionäre an der Nahe*«, Untertor 3, 6551 Waldböckelheim, Telefon (0 67 58) 4 52. In ihm sind die im Anbaugebiet Nahe tätigen Weinkommissionäre zusammengeschlossen. Das Ziel dieses Verbandes ist die Interessenvertretung seiner Mitglieder.

»*Zentralkellerei der Nahe-Winzer e.G.*«, Winzenheimer Straße 30, 6551 Bretzenheim, Telefon (0671) 22 32 – 23 61. Sie hat heute rund 1150 Mitglieder. Ihre Aufgabe wurde im Textteil eingehend erläutert.

»*Gastland Nahe e.V.*«, Bahnhofstraße, im Haus des Kurgastes, 6553 Sobernheim, gibt touristisches Informationsmaterial heraus und verleiht seit 1973 im Wettbewerb »Das schönste Winzerhaus« die Auszeichnung »Die goldene Rebe«.

Verzeichnis der Einzel-Lagen

Benutzte Literatur

Ambrosi, Hans: Weinlagen-Atlas mit Wein-Lexikon Deutschland. Bielefeld 1976.

Ambrosi, Hans/Breuer, Bernhard: Der Rheingau, Vinothek der Weinberg-Lagen. Stuttgart 1978.

Becker, Kurt: Heimatchronik des Kreises Kreuznach. Köln 1966.

Boeck, Bärbel: Der Weinbau an der unteren Nahe mit besonderer Berücksichtigung seiner jüngsten Entwicklung. Schriftenreihe Nr. 3 des Weinordens an der Nahe. Bad Kreuznach 1973.

Bronner, J. P.: Der Weinbau in der Provinz Rheinhessen, im Nahetal und Moseltal. Heidelberg 1834.

Geib, Karl: Historische Topographie von Kreuznach. Band I und II, Verlag Ferdinand Harrach, Kreuznach 1929 und 1937.

Geib, K. W. und andere: Erläuterungen zur geologischen Karte von Rheinland-Pfalz, Blatt 6112 Waldböckelheim, Geologisches Landesamt. Mainz 1973.

Gräter, Carlheinz: Weinland Nahe. Mannheim 1978.

Heym, Arthur: Weinbau und Weinhandel im Kreise Kreuznach. Dissertation Universität Köln 1927, Nachdruck Nr. 2 der Schriftenreihe des Weinordens an der Nahe. Bad Kreuznach 1972.

Hörter, J.: Die besten Setzreben ... Koblenz 1831.

Minst, J.: Codex des Klosters Lorsch. Lorsch 1970.

Ortschroniken von Guldental, Weinsheim, Langenlonsheim, Odernheim, Wallhausen und Braunweiler.

Palm, Otto: Die Rebstandorte des Nahegebietes. Dissertation, Universität Bonn 1977.

Palm, Otto: Geschichte des Naheweinbaues in Sonderausgabe der Allgemeinen Zeitung. Bad Kreuznach, Oktober 1972.

Palm, V.: Flurnamenverzeichnis der Gemeinden des Kreises Kreuznach. Manuskript Bibliothek des Heimat- und Museumsvereins, Bad Kreuznach 1946–1948.

Radtke, Rudolf: Die Veränderung der Rebsorten im Weinbaugebiet Nahe. Schriftenreihe Nr. 4 des Weinordens an der Nahe, Bad Kreuznach 1976.

Radtke, Rudolf: Das Anbaugebiet »Nahe« in Zahlen. Weinbauverband Nahe, Bad Kreuznach 1978.

Recum, Freiherr von: Versuch über das Spät-Herbsten. 1826, neuaufgelegt als Nr. 1 der Schriftenreihe des Weinordens an der Nahe, Bad Kreuznach.
Mittheilungen aus der älteren und neueren Geschichte über den Weinbau am Rhein, der Mosel, Nahe.

Uhlig, Harald: Landkreis Kreuznach. Speyer 1954.

Wagner, Joh.: Urkunden über Kirchen, Dörfer und Klöster vor 1300 im Kreise Kreuznach. 1909.

Wagner, W.: Erläuterungen zur geologischen Karte von Hessen, Blatt Wöllstein – Kreuznach. Darmstadt 1926.

Weinbergsrolle des Weinbaugebietes Nahe bei der Landwirtschaftskammer Rheinland-Pfalz, Außenstelle Koblenz.

Die Autoren

Hans Ambrosi, Diplom-Landwirt, Doktor der Agrarwissenschaften, Direktor der Hessischen Staatsweingüter Eltville, wurde 1925 in Mediasch, Siebenbürgen, geboren. Nach der Promotion auf der Lehr- und Forschungsanstalt für Wein-, Obst- und Gartenbau in Geisenheim/Rhein von 1955 bis 1966 Tätigkeit an der Universität Stellenbosch und in Privatkellereien in Südafrika. Durch zahlreiche Reisen lernte der Autor die Weinbaugebiete Europas und Nordafrikas kennen. Bisher liegen über 100 Publikationen in der internationalen Fachpresse und feuilletonistische Beiträge vor.

Bernhard Breuer, Miteigentümer des Weingutes G. Breuer, Rüdesheim, Geschäftsführer des Wein-Exporthauses Scholl & Hillebrand, wurde 1946 in Rüdesheim/Rheingau geboren. Studien an der Ecole Nationale Supérieure d'Agronomie in Montpellier, Frankreich, sowie in verschiedenen Betrieben in Frankreich und den USA. Häufige Auslandsreisen, Lehrtätigkeit an der German Wine Academy und Publikationen über den deutschen Weinbau kennzeichnen seine Berufserfahrung.

Otto Palm, Diplom-Ingenieur agr., Doktor der Agrarwissenschaften, wurde 1925 in Bad Kreuznach geboren. Nach dem Studium in Bonn und Geisenheim trat er 1955 als Fachlehrer und Berater in den Dienst des Landes Rheinland-Pfalz. Nach Tätigkeiten in den Weinbaugebieten Rheinhessens und der Pfalz ist er heute in gleicher Funktion als Oberlandwirtschaftsrat an der Landes-Lehr- und Versuchsanstalt für Weinbau, Landwirtschaft und Gartenbau, mit Technikerschule für Weinbau und Landwirtschaft, Bad Kreuznach, beschäftigt.

Rudolf Radtke, Diplom-Agrar-Ingenieur – Geschäftsführer des Weinbauverbandes Nahe – wurde 1927 bei

Insterburg (Ostpreußen) geboren. Nach dem Studium der Landwirtschaft und Wirtschaftswissenschaften an der Humboldt-Universität Berlin, der Technischen Universität Berlin und der Landwirtschaftlichen Hochschule Stuttgart-Hohenheim promovierte er zum Doktor der Agrarwissenschaften – Doktor-Vater: Prof. Dr. Gerhard Preuschen, Max-Planck-Institut für Landarbeit und Landtechnik Bad Kreuznach –. Während der Ausbildung Auslandsaufenthalte in Schweden und Dänemark. Sekretarius des Weinordens an der Nahe.